高等职业教育汽车类专业校企合作“互联网+”创新型教材

汽车行业职业安全与职业健康

（含新能源汽车）

主　编　郭　栋
副主编　李漫江
参　编　牛仕锋

机 械 工 业 出 版 社

本书主要内容包括职业健康与职业安全职责、危险源辨识与事故预防、汽车维修作业安全防护、新能源汽车驾驶安全防护、新能源汽车充电安全防护、事故报告与分类、汽车安全事故应急处理、水淹车辆应急处理、车辆着火事故应急处理、碰撞车辆应急处理、维修作业现场紧急救护、工伤保险和工伤索赔。附录介绍了新能源汽车行业生产经营单位其他从业人员（一类）安全培训大纲及考核标准。

本书可作为高等职业院校汽车类专业教材，也可以作为汽车维修、汽车驾驶、汽车试验、车险核保与定损、二手车评估、旧车拆解等汽车售后服务人员以及消防和公安等人员的培训资料。

本书以二维码形式嵌入视频、动画，以满足读者线上和线下学习的需要，方便使用。

本书配有电子课件，凡使用本书作为教材的教师可登录机械工业出版社教育服务网 www. cmpedu. com 注册后下载。咨询邮箱：cmpgaozhi@sina. com。咨询电话：010-88379375。

图书在版编目（CIP）数据

汽车行业职业安全与职业健康：含新能源汽车/郭栋编．—北京：机械工业出版社，2021. 12（2024. 9 重印）
高等职业教育汽车类专业校企合作“互联网+”创新型教材
ISBN 978-7-111-70043-2

Ⅰ. ①汽…　Ⅱ. ①郭…　Ⅲ. ①汽车-安全技术-高等职业教育-教材　Ⅳ. ①U461. 91

中国版本图书馆 CIP 数据核字（2022）第 013424 号

机械工业出版社（北京市百万庄大街 22 号　邮政编码 100037）
策划编辑：蓝伙金　　　　责任编辑：蓝伙金　张双国
责任校对：李　杉　张　薇　封面设计：鞠　杨
责任印制：张　博
北京建宏印刷有限公司印刷
2024 年 9 月第 1 版第 3 次印刷
184mm×260mm · 9 印张 · 218 千字
标准书号：ISBN 978-7-111-70043-2
定价：35. 00 元

电话服务　　　　　　　　网络服务
客服电话：010-88361066　机　工　官　网：www. cmpbook. com
　　　　　010-88379833　机　工　官　博：weibo. com/cmp1952
　　　　　010-68326294　金　　书　　网：www. golden-book. com
封底无防伪标均为盗版　机工教育服务网：www. cmpedu. com

高等职业教育汽车类专业校企合作“互联网+”创新型教材编写委员会

序言

教材是教学过程的主要载体，加强教材建设是深化教学改革的有效途径，是推进人才培养模式改革的重要条件，也是保障教学基本质量、培养高端技能型人才和技术应用型人才的重要基础。

为了深入贯彻党的十九大精神和全国教育大会部署，落实党中央、国务院关于教材建设的决策部署和《国家职业教育改革实施方案》有关要求，弘扬劳动光荣、技能宝贵、创造伟大的时代风尚，深化职业教育“三教”改革，突出职业教育的类型特点，统筹推进教师、教材、教法改革，深化产教融合、校企合作，适应新时期汽车行业的快速发展和汽车产业转型升级需要，实现“专业设置与产业需求对接、课程内容与职业标准对接、教学过程与生产过程对接”，推进高等职业教育汽车类专业的高质量发展，我们在市场调研和专家论证的基础上，组织了由一批优秀高职院校名师和一线企业专家组成的编写委员会，以校企合作形式，共同编写了本套教材。

一、编写依据、指导思想和编写原则

1. 编写依据

以教育部《关于组织开展“十三五”职业教育国家规划教材建设工作的通知》（教职成司函〔2019〕94号）文件精神和2018年《普通高等学校高等职业教育（专科）专业目录》为依据，结合汽车行业发展，重点开发新能源汽车、智能控制技术、智能网联汽车等急需紧缺的战略性新兴领域。

2. 指导思想

本套教材以“一主线三融合四服务”的构建思路实施课程体系改革并系统建设立体化教材。“一主线”即以能力培养目标为主线；“三融合”即融合企业职业标准，融合知识、能力及素质培养，融合线上线下+课内课外学习；“四服务”即内容体系为认识规律服务，理论基础为技术应用服务，媒体资源为教学（自主学习）服务，教学模式为教学目标达成服务。

3. 编写原则

本套教材以“必需、够用”为编写原则，以企业需求为基本依据，兼顾行业升级需要和降低城市雾霾等环境保护的新要求，突出介绍新能源汽车等新知识、新技术、新工艺和新方法。

二、教材特色

本套教材从企业实际出发，以培养应用型技术人才为主，在总结多年教学经验和已有教材优缺点的基础上，充分吸取先进职教理念和方法，形成如下特点：

1. 突出职教特色，坚持质量为先

遵循技术技能人才成长规律，知识传授与技术技能培养并重，配合推进三教（教师、

教材、教法）改革，创新编写模式，以“理实一体”为编写理念，以企业需求和岗位需要为依据，对接职业标准和岗位要求，突出职业岗位核心能力的培养，加强技能训练。

2. 突出“校企合作，产教融合”，提高与行业、企业的契合度

坚持产教融合，校企双元开发，强化行业指导、企业参与，注重吸收行业企业技术人员、能工巧匠等深度参与教材编写。课程以最新专业目录为依据，结合产业转型升级需要，及时将产业发展的新技术、新工艺、新规范（包括智能网联汽车、新能源汽车技术、汽车智能制造技术等）融入教材。

3. 体现“互联网+职业教育”，提高师生的满意度

本套教材是围绕“互联网+职业教育”发展需求，探索配套资源开发、信息技术应用，统筹推进的新形态一体化教材。教材配套多种形式的数字化教学资源，为教学组织提供较大的选择空间。

三、教材编写队伍

本套教材由机械工业出版社、广东交通职业技术学院、哈尔滨工业大学（威海）、深圳职业技术学院、韶关学院、顺德职业技术学院、广东机电职业技术学院、广州科技贸易职业技术学院、东莞职业技术学院、河源职业技术学院、广东农工商职业技术学院和广州丰田汽车特约维修有限公司、深圳深业汽车集团、柯柏文（深圳）科技有限公司、南京奥吉汽车研究院、深圳风向标教育资源股份有限公司等一线企业、研究单位组织编写，编写团队包括院校院/校长、专业名师、学科带头人、骨干教师和企业高管、企业专家、技术骨干，结合高职院校“双高计划”、一流专业等建设项目，充分体现了“产教结合，校企合作”的开发特色，有利于教材反映新技术和新教学成果，为保证教材的质量、水平提供了丰富的资源支持，为保证教材的质量、水平奠定了良好基础。

高等职业教育汽车类专业校企合作“互联网+”创新型教材
编写委员会

前言

近年来新能源汽车发展迅猛，但新能源汽车着火事故率高，有的品牌自燃的事故率高达千分之一，严重威胁到了人民的生命和财产安全，进行职业安全与职业健康教育迫在眉睫。

本书主要内容包括职业健康与职业安全职责、危险源辨识与事故预防、汽车维修作业安全防护、新能源汽车驾驶安全防护、新能源汽车充电安全防护、事故报告与分类、汽车安全事故应急处理、水淹车辆应急处理、车辆着火事故应急处理、碰撞车辆应急处理、维修作业现场紧急救护、工伤保险和工伤索赔。附录介绍了新能源汽车行业生产经营单位其他从业人员（一类）安全培训大纲及考核标准。

本书特色：

1. 吸收国内外先进职教经验，体现最新教学成果

本书借鉴了国外职业教育的先进教学理念，遵循技术技能人才成长规律，知识传授与技术技能培养并重，配合推进三教（教师、教材、教法）改革，创新编写模式，突出“以行业需求为导向，以能力为本位，以学生为中心”的原则，对接职业标准和岗位要求，突出职业岗位核心能力的培养，加强技能训练。

2. 以“项目引领”为主线，实现“知行合一”

按照学生认识规律，从感性到理性，由浅入深，同时注重理论联系实际，促进学、做结合，着力提高学生实践技能、综合素质和就业能力，力求做到理论清晰、技术同步、方法实用，侧重于受训人员的风险辨识、隐患排查和应急逃生与施救等实际操作能力的培养。

3. 教材形式活泼，教学资源丰富

本书除了纸质教材外，还录制了微课视频课程供大家学习，通过扫描二维码可链接教学资源，方便教师授课和学生课外学习。

本书由南京奥吉智能汽车技术研究院副院长郭栋任主编，江苏经贸职业技术学院李漫江任副主编，乐竞智能技术发展（南京）有限公司牛仕锋参编。

本书可作为职业院校汽车类专业教材，也可供消防人员和公安人员、车险核保与定损人员、二手车评估人员以及旧车拆解人员参考。

本书还可作为汽车维修行业安全教育培训教材，完成24学时学习后可参加国家应急管理部培训中心安排的考试，考试合格者可获得培训合格证书。

由于编者水平有限，书中难免存在不足之处，恳请读者和专家批评指正。

编　者

二维码索引

目录

绪　论

为了贯彻“安全第一、生命至上、经济发展不能以牺牲生命为代价”的安全生产方针，必须从学生时代就牢牢地树立安全意识，掌握安全生产所需要的知识和技能。

一、学习目标

按照《中华人民共和国安全生产法》和应急管理部的《生产经营单位从业人员安全培训管理条例》规定，安全生产培训是一种强制性的培训，国家规定了培训的内容框架、培训学时。汽车院校的汽车安全教育必须严格按照应急管理部制定的培训考核大纲进行，学习过程需要保留学习痕迹，考试结果需要备案待查。本书学习内容如下：

1. 基础知识

1）职场健康安全法律、法规。

2）危险源的知识和安全标识的知识。

3）灭火器的知识。

4）安全事故预防和风险控制的知识。

5）工伤事故赔偿的知识。

随着新能源汽车和智能网联汽车的普及应用，汽车安全培训的内容需要反映汽车新技术、新设备和新工艺带来的新的问题。

目前我国的汽车专业类院校并没有独立的汽车行业安全课程，绝大多数的学校没有单独开设安全课程，只是在汽车诊断与维修的课程中安排了一部分防触电、防火灾的知识讲解，内容过于简单，不全面也不系统，不符合法律、法规的要求，也不能满足生产经营单位安全管理的要求。

2. 基本技能

1）掌握安全管理风险识别，确认和鉴定危险工作环境，并采取措施，向有关人员报告。

2）准确地评价危险等级。

3）掌握安全管理隐患排查和应急响应的基本工具使用方法，正确使用灭火器。

4）通过实训掌握汽车驾驶、汽车维修和汽车充电时的安全操作要领，并在作业中保持对物的不安全状态、人的不安全行为、安全管理的缺失、不利于安全的环境保持足够本能的警觉和条件反射。

5）通过实训了解与汽车应用有关的事故，具备逃生能力，作为专业人员具备一定的施

救技术和指导能力。

6）掌握工伤认定和保险待遇申请知识。

二、适用范围

本书可作为职业院校汽车设计、汽车维修、汽车调试与装配、汽车车体维修等专业的教材，也可作为汽车维修人员、汽车驾驶人员、汽车试验人员、消防人员和公安人员、车险核保与定损人员、二手车评估人员、旧车拆解人员的在职安全培训教材。

项目一 职业健康与职业安全职责

学习要求

➢ 知识要求

- 理解风险、风险点、危险、危险度、危险源、故障、事故、安全生产事故、事故隐患、应急、职业病和职业健康、工业污染的基本概念。
- 了解海因里希法则、轨迹交叉理论、系统安全理论。
- 掌握我国的安全生产方针、生产管理体系、从业人员的个人安全原则，了解相关的安全生产的法律法规。
- 了解生产经营单位的主要负责人对本单位安全生产工作负的职责，了解法律对安全生产管理机构和安全生产管理人员的要求，认识安全生产工作常用指标。
- 掌握从业人员的权利和义务，了解企业与从业人员在劳动合同签定时注意的事项。
- 掌握职业病的概念、危害因素分类，了解汽车应用行业可能接触到的职业病致病因素。

相关知识学习

1.1 与安全有关的基本概念

1. 职业健康与职业安全管理基本术语

（1）风险　风险是发生危险事件或有害暴露的可能性或概率，与随之引发的人身伤害、健康损害或财产损失的严重性。可能性大，损失严重，风险就大。

（2）安全管理　指企业制定安全目标后，通过有关决策、计划、组织和控制以达到既定的安全目标。

（3）风险点　是风险辨识的最小单元。风险点可能包含风险的部位、设施、场所和区域。

（4）危险　危险是指系统中存在导致发生不期望后果的可能性超过了人们的承受能力。危险与安全是一对对立的概念，在人们承受范围内就是安全，超出了就是危险。危险是某一系统、产品、设备或操作的内部和外部的一种潜在的状态。

（5）危险源　危险源指可能造成人员伤害、疾病、财产损失、作业环境破坏或其他损失的根源或状态。

（6）危险度　危险度指危险源危害的程度。

（7）事故　事故指造成人员伤亡、伤害、职业病、财产损失或其他损失的意外事件。安全生产事故指与人类生产活动相关的事故。安全生产事故的根源是能量的意外释放，而导致意外释放的根源是对能量约束的破坏，每次破坏都会形成事故隐患，但不一定会导致事故的发生，但是事故的发生一定是有破坏情形的存在。

（8）重大危险源　重大危险源是指长期或者临时生产、搬运、使用或者储存危险物品，且危险物品的数量等于或者超过临界量的单元（包括场所和设施）。注意重大危险源仅仅是指危化品的存储。

（9）机械故障、事故和失效　故障与事故不是同一个概念，故障不等于就是事故。通常而言，故障指系统中部分元器件功能失效而导致整个系统功能恶化的事件。失效指产品丧失完成规定功能的能力的事件。在实际应用中，特别是对硬件产品而言，故障与失效很难严格区分。一般对于不可修复的产品（如弹药、电子元器件等）习惯采用失效表示；而对可修复产品（如汽车、电视机、飞机等）一般用故障表示。

（10）事故隐患　《安全生产事故隐患排查治理暂行规定》第三条规定，安全生产事故隐患（以下简称事故隐患）指生产经营单位违反安全生产法律、法规、规章、标准、规程和安全生产管理制度的规定，或者因其他因素在生产经营活动中存在可能导致事故发生的物的危险状态、人的不安全行为和管理上的缺陷。

事故隐患分为一般事故隐患和重大事故隐患。一般事故隐患指危害和整改难度较小，发现后能够立即整改排除的隐患。重大事故隐患指危害和整改难度较大，应当全部或者局部停产停业，并经过一定时间整改治理才能排除的隐患，或者因外部因素影响致使生产经营单位自身难以排除的隐患。

（11）突发事件、应急救援和事故逃生　突发事件指突然发生，造成或者可能造成严重社会危害，需要采取应急处置措施予以应对的自然灾害、事故灾难、公共卫生事件和社会安全的事件。

应急救援指遇到突发事故时应当采取的正确的、准确的救援方法。

事故逃生指发生事故时的一种自救和快速离开事故现场的行为。

（12）职业卫生与职业健康　职业卫生是指人类从事各种职业劳动过程中的卫生问题，它以员工的健康在职业活动过程中免受有害因素侵害为目的，其中包括劳动环境对劳动者健康的影响和防止职业性危害的对策。只有创造合理的劳动工作条件，才能使所有从事劳动的人员在体格、精神、社会适应等方面都保持健康。只有防止职业病和与职业有关的疾病，才能降低病伤缺勤，提高劳动生产率。因此，职业卫生实际上是指对各种工作中的职业病危害因素所致损害或疾病的预防，属预防医学的范畴。

职业健康是指预防因工作导致的疾病，防止原有疾病的恶化，主要表现为工作中因环境及接触有害因素引起人体生理机能的变化。其定义有很多种，最权威的是 1950 年由国际劳工组织和世界卫生组织的联合职业委员会给出的定义：职业健康应以促进并维持各行业职工的生理、心理及社交处在最好状态为目的；防止职工的健康受工作环境影响 ；保护职工不受健康危害因素伤害；将职工安排在适合他们的生理和心理的工作环境中。

从上面的定义来看两个词没有本质区别，在本书中只使用职业健康这个词。

（13）应急救治　应急救治是在人体受到伤害时，对伤者进行第一时间的、保住生命的救治。伤害发生后，心搏骤停是最常见的一种事件，人的心搏骤停后对伤者的第一时间救治是最重要的事情。图 1-1 说明了人的心搏骤停与时间的关系，一般在伤害发生的 4min 内应迅速对伤者进行心肺复苏，这是保住生命的最后机会。

在生产、生活中发生紧急事故或意外伤害时，对伤者第一时间进行紧急救治尤为重要，然后再对伤者进行医疗急救。图 1-2 说明了应急救治与医疗急救的关系。

那么怎样去做应急救治？应急救治时有哪些活动见图 1-3 中的应急救治的 5 项活动。

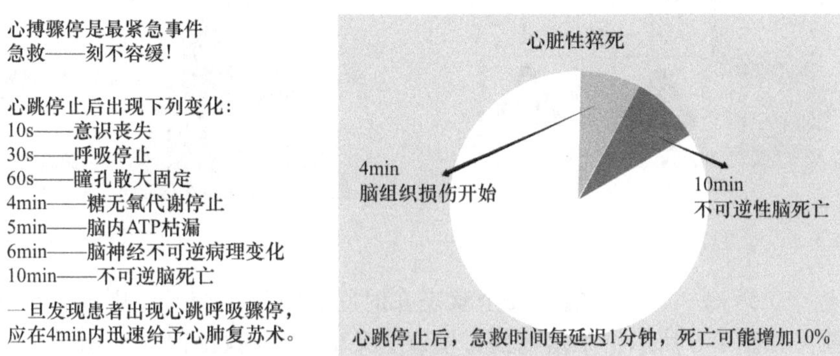

图 1-1　人的心搏骤停与时间的关系

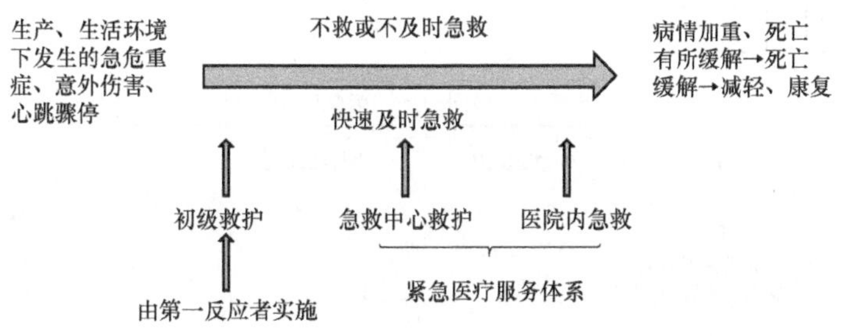

• 急救目标是“挽救生命，减轻伤残”，为安全生产、健康生活提供必要的保障。
• 紧急医疗服务体系：具有受理应答呼救的专业通信指挥并能够承担院外救护的机构。

图 1-2　应急救治与医疗急救

图 1-3　应急救治的 5 项活动

（14）工业污染　工业污染指工业活动对环境的破坏。汽车维修行业主要的污染是工业废物和工业废水。常见的工业污染形式如图 1-4 所示。

2. 事故产生的机理

（1）海因里希法则　当一个企业有 300 起隐患或违章，非常可能要发生 29 起轻伤或故障，另外还有一起重伤、死亡事故，即图 1-5 所示的海因里希法则。

图 1-4　常见的工业污染形式　　图 1-5　海因里希法则

（2）轨迹交叉理论　人、物的不安全状态在时间、空间上交叉，则导致事故发生。轨迹交叉理论模型如图 1-6 所示，下落物伤害轨迹交叉事故案例如图 1-7 所示。

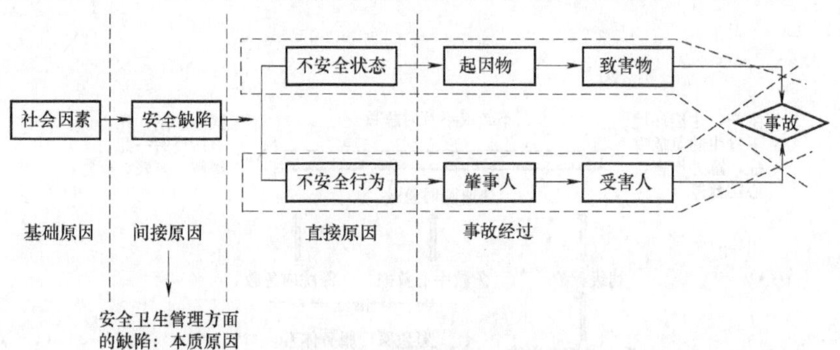

图 1-6　轨迹交叉理论模型

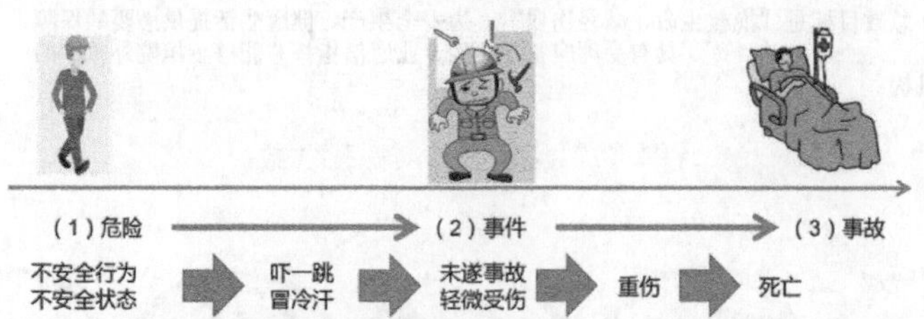

图 1-7　下落物伤害轨迹交叉事故案例

（3）系统安全理论

1）在事故致因理论方面，改变了只注重操作人员的不安全行为，而忽略硬件的故障在事故致因中作用的传统观念，开始考虑如何通过改善物的系统可靠性来提高复杂系统的安全

性，从而避免事故。

2）没有任何一种事物是绝对安全的，任何事物都潜伏着危险因素，通常所说的安全或危险只是一种主观的判断。

3）不可能根除一切危险源，可以减少来自现有危险源的危险性，应减少总的危险性而不是只彻底去消除几种选定的风险。

4）由于人的认识能力有限，有时不能完全认识危险源及其风险，即使认识了现有的危险源，随着生产技术的发展，新技术、新工艺、新材料和新能源的出现，又会产生新的危险源。安全工作的目标就是控制危险源，努力把事故发生概率减到最低，即使发生事故时，也把伤害和损失控制在较轻的程度上。

5）安全工程学解决问题的逻辑。避免事故的方法有本质安全、安全的技术措施、教育措施和个人安全防护（图 1-8～图 1-11）。

电动汽车避免触电、燃烧和碰撞事故的思路如图 1-12 所示。

图 1-8　本质安全（把老虎变成宠物狗）

图 1-9　安全的技术措施（用护栏把老虎装起来）

图 1-10　教育措施（通过教育和提醒使人自觉地远离老虎）

图 1-11　个人安全防护（个人穿上盔甲）

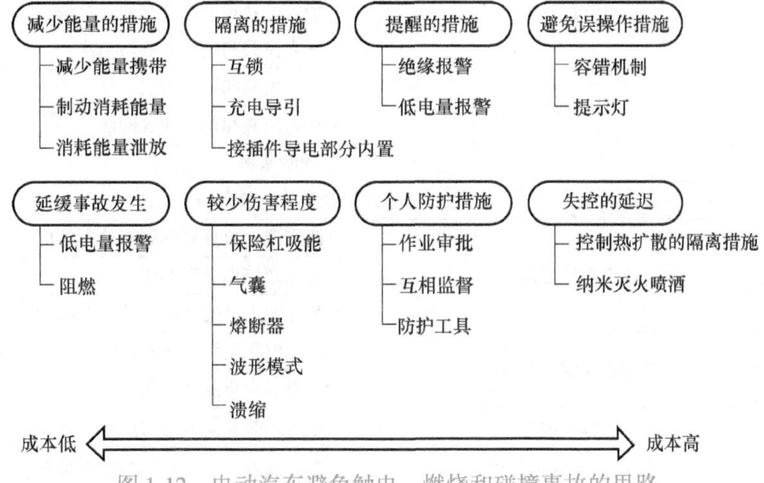

图 1-12　电动汽车避免触电、燃烧和碰撞事故的思路

3. 我国的安全生产监管体系

（1）我国的安全生产方针　当安全问题与经济发展相冲突了，要把安全放在首位。我国的安全生产方针如图 1-13 所示。

（2）我国的安全生产监管体系　安全不仅仅是企业老板和员工的事，任何国家都会从国家层面上管理安全。我国的国家管理体系概括起来是两条线（图 1-14），一条是安全生产综合监管（应急管理部门这条线，分中央，省、市、区县，镇和街道 4 级），一条是行业监管（行业所属管理部门的这条线，汽车应用行业由各级交通厅、局管理，例如汽车运输企业、汽车维修企业安全的具体管理由所在县以上的交管局安全处监管）。

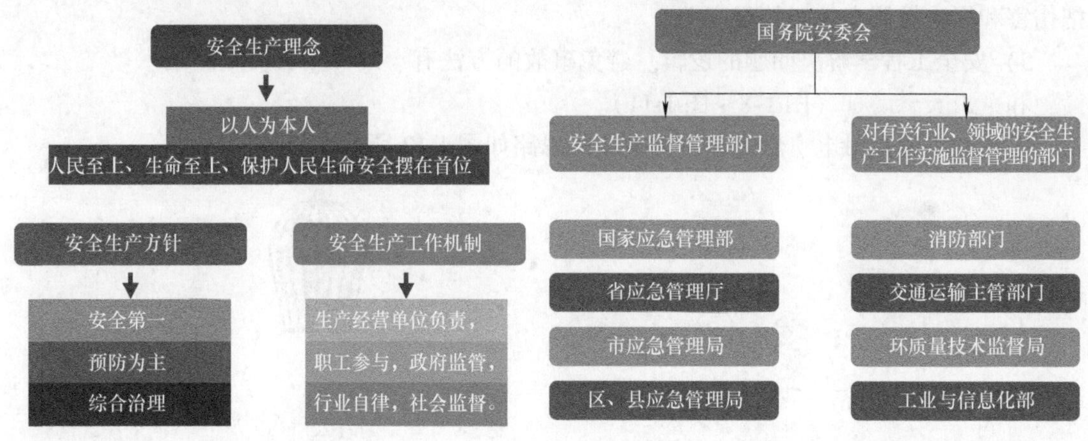

图 1-13　我国的安全生产指导思想

图 1-14　我国的安全生产监管体系

（3）安全生产的法律法规（法律、法规、部门规章和技术标准）　生产安全管理和安全生产监管是依法实施的。这里所说的安全生产法律不是一条法律而是一个法律体系，例如新能源汽车行业安全生产管理的所依从法律就有 18 部，见表 1-1。

表 1-1　我国新能源汽车行业安全生产法律体系

安全生产法律	中华人民共和国安全生产法	
	单行法律	中华人民共和国消防法
		中华人民共和国道路交通安全法
		中华人民共和国职业病防治法
	相关法律	中华人民共和国劳动法
		中华人民共和国劳动合同法
国务院条例	工伤保险条例	
	生产安全事故应急条例	
行业主管部门规章	应急管理部	生产安全事故报告和调查处理条例
		安全生产培训管理办法
		特种作业人员安全技术培训考核管理规定
	工业和信息化部	新能源汽车生产企业及产品准入管理规定
		特种设备安全监察条例
	交通运输部	中华人民共和国道路交通安全法实施条例
	市场监督管理总局	缺陷产品召回管理条例实施管理办法

（续）

国家标准	《电动汽车安全要求》GB 18384—2020	
	《机动车运行安全技术条件》GB 7258—2017	
	《机动车维修管理规定》交通运输部 2019 年第 20 号令	
	《汽车维修业开业条件》GB/T 16739—2014	

（4）从业人员个人的安全原则　从业人员个人的安全原则是不伤害自己、不伤害他人、不被他人伤害。例如驾车时，车辆撞在电线杆上就是自己伤害自己（图 1-15），车辆撞到行人就是伤害他人（图 1-16），穿过马路时被其他车辆撞伤就是被他人伤害（图 1-17）。

图 1-15　安全就是要不伤害自己

图 1-16　安全就是要不伤害他人

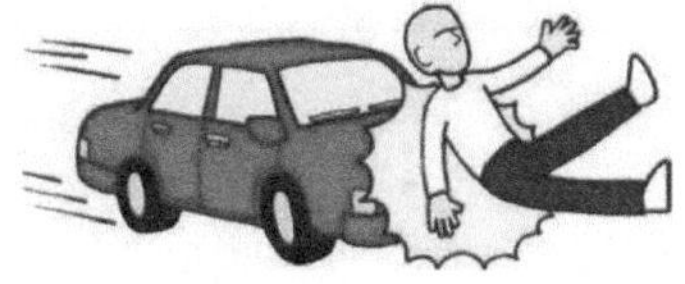
图 1-17　安全就是要不被他人伤害

1.2　工作岗位的职业健康与职业安全职责

1. 企业职责

（1）主要负责人的职责　《中华人民共和国安全生产法》第二十一条规定，生产经营单位的主要负责人对本单位安全生产工作负有 7 种职责：

1）建立健全并落实本单位全员安全生产责任制，加强安全生产标准化建设；

2）组织制定并实施本单位安全生产规章制度和操作规程；

3）组织制定并实施本单位安全生产教育和培训计划；

4）保证本单位安全生产投入的有效实施；

5）组织建立并落实安全风险分级管控和隐患排查治理双重预防工作机制，督促、检查本单位的安全生产工作，及时消除生产安全事故隐患；

6）组织制定并实施本单位的生产安全事故应急救援预案；

7）及时、如实报告生产安全事故。

（2）执行安全生产管理机构和安全生产管理人员配置　安全管理机构的人员数量根据企业安全属性确定（图 1-18）。

高危行业指危险系数较其他行业高、事故发生率较高、财产损失规模大，且短时间内无法恢复的行业。

我国高危行业有建筑施工、金属冶炼、矿山、道路运输（专指长途客运、旅游客运和危化品运输）、危化品产存销。

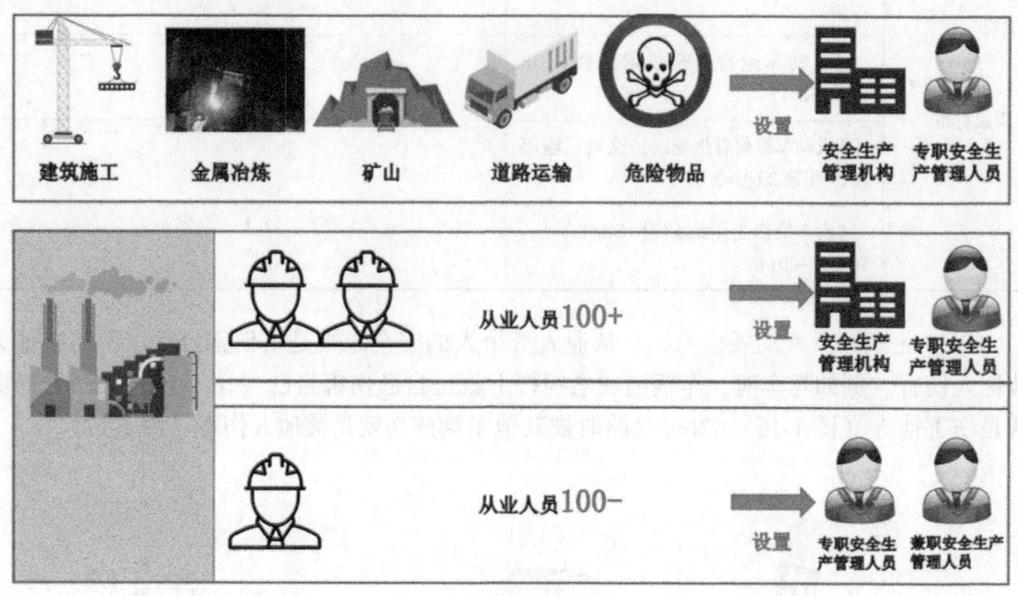

图 1-18 安全生产法对企业设置安全管理机构的要求

（3）安全生产工作常用指标要求（2020 年）

1）人身伤亡事故率：死亡为零、人员受伤致残为零、人员受伤导致误工 4%；

2）中毒事故率：死亡为零、人员受伤致残为零、人员受伤导致误工 4%；

3）火灾事故为零、爆炸事故为零，触电事故为零；

4）负主要责任的交通事故 5 起以下；

5）一般事故隐患整改率 100%；

6）职业伤害治理率为 100%；

7）安全培训率 100%；

8）特种设备操作证和特种作业持证上岗率为 100%。

2. 从业人员的权利和义务

（1）从业人员的人身保障权利（图 1-19）

1）得知危险因素、防范措施和事故应急措施的权利（知情权、建议权）。

要保证从业人员这项权利的行使，生产经营单位就有义务事前告知有关危险因素和事故应急措施。否则，生产经营单位就侵犯了从业人员的权利，并对由此产生的后果承担相应的法律责任。

2）对本单位安全生产的批评、检举和控告的权利及拒绝违章指挥和强令冒险作业的权利（批评、检举、控告权、拒绝违章权）。

生产经营单位不得因从业人员对本单位安全生产工作提出批评、检举、控告或者拒绝违章指挥、强令冒险作业而降低其工资、福利等待遇或者解除与其订立的劳动合同。

3）紧急情况下的停止作业和紧急撤离的权利（停止作业权）。

生产经营单位不得因从业人员在前款紧急情况下停止作业或者采取紧急撤离措施而降低其工资、福利等待遇或者解除与其订立的劳动合同。签订劳动合同要注意的问题如图1-20所示。

4）获得安全保障、工伤保险和民事赔偿的权利（索赔权）。

（2）从业人员的安全生产义务（图1-21）

1）遵章守规、服从管理的义务；

2）正确佩戴和使用劳动防护用品的义务；

正确佩戴和使用劳动防护用品是从业人员必须履行的法定义务，这是保障从业人员人身安全和生产经营单位安全生产的需要。

图1-19　从业人员应有的人身保障权利

3）接受安全培训，掌握安全生产技能的义务；

4）发现事故隐患或其他不安全因素及时报告的义务。

图1-20　签订劳动合同要注意的问题　　图1-21　从业人员应该履行的安全生产义务

3. 汽车维修作业中的职业病

在生产劳动中，接触生产中使用或产生的有毒化学物质、粉尘气雾、异常的气象条

件、高低气压、噪声、振动、微波、X 射线、γ 射线、细菌、霉菌；长期强迫体位操作，局部组织器官持续受压等，均可引起职业病。例如长期在印刷电子厂工作的线路印刷工，由于长期接触电路中的铅物质，可能会造成慢性中毒的职业病。

某电动出租公司驾驶员小王，向公司领导反映自己自从 3 年前开始驾驶国内某品牌电动汽车以来，一直不能怀孕，她怀疑因为电动汽车的电磁辐射导致自己不孕。小王的不孕症能不能界定为职业病？

(1) 概念和危害因素分类

1）职业病概念。职业病指企业、事业单位和个体经济组织（简称用人单位）的劳动者在职业活动中，因接触粉尘、放射性物质和其他有毒、有害物质等因素而引起的疾病。

2）职业危害因素。职业危害因素指职业活动中存在的各种有害的化学、物理、生物因素以及在作业过程中产生的其他职业有害因素。

职业危害因素分类：

① 物理性危害因素，如噪声、振动、高温、光线过强、电离辐射等；

② 化学性危害因素，如强酸强碱、粉尘、有毒有害气体等；

③ 生物性危害因素，如病原微生物等；

④ 心理性危害因素，如工作压力大等。

汽车维修作业可能接触到的职业病致病因素见表 1-2。

表 1-2 汽车维修作业可能接触到的职业病致病因素

危 害	场 所
尘肺病	隔声棉里的、制动蹄片里的玻璃纤维
	抛光、打磨
噪声性聋	美容抛光（抛光、打磨）
	喷漆打磨
白血病	电机、充电桩、逆变器、DC/DC 直流变换器
慢性中毒	气囊爆炸后的气体衍生物
	蓄电池电解液
	密封剂、黏接剂、涂料、树脂泡沫
	驱动电机冷却液、制动液、润滑油与润滑脂类的化学材料
电离辐射	DC/DC 交换器、驱动电机、充电桩

(2) 汽车维修作业注意事项

1）除非有制造商的说明，否则不可以随意混合化学材料；某些化学物质在混合时会释放出其他有毒、有害的气体，甚至可能引起爆炸等事故。

2）不可以在封闭的环境中喷洒化学材料。

3）除非有制造商的说明，否则不可对化学材料进行加热，因为有些化学材料是高度可燃的，而有些则可能会释放出有毒有害气体。

4）不可让化学材料容器保持开启状态，散发出的气体可能会积聚到有毒、有害或爆炸

的程度。某些气体比空气重，还会在封闭空间内积聚。

5）不可以将化学材料装入未经过标识的容器内。

6）不可以使用化学材料清洁手部与衣物。化学药品（尤其是溶剂与燃料）会使皮肤变得干燥，可能会造成过敏，导致皮肤炎症或通过皮肤直接吸收有毒、有害的物质，影响身体健康。

7）不能随意用空容器存放其他化学材料。

8）不可随意闻化学材料。短暂暴露于高浓度的气体中，仍有可能中毒或受伤害。

小王提出的电离辐射是职业危害因素之一，但是她的女性不孕症是否属于职业病需要先由医疗部门出具医疗证明（证明病症存在，而且是职业病的范畴），然后向劳动部门职业病鉴定机构提出鉴定申请。劳动鉴定机构会让该车辆生产厂家提供有法律效力的技术检测报告。如果车辆的电离辐射强度超过国家标准限值，则小王的不孕症属于职业病，否则就不属于职业病。

项目二 危险源辨识与事故预防

学习要求

➢ 知识要求

- 掌握危险源的定义、分类、类型。
- 掌握风险等级判定的方法和危险度的计算方式。
- 了解风险辨识、分级管控过程。
- 掌握汽车维修作业常见 20 种事故类型。
- 掌握汽车维修企业 150 种事故类型涉及的设备和作业类型。
- 了解事故隐患排查制度；掌握事故隐患的定义及分类；掌握隐患排查的流程。
- 了解维修企业内的隐患顺序和重点工位、设计和作业的排查点。
- 了解常见的劳动保护用品类型、名称、防护作用；了解劳动用品的规定和分类。

➢ 技能要求

- 能正确使用劳动防护用品。
- 能进行车辆安全隐患排查实习。
- 能进行充电桩隐患排查。

相关知识学习

2.1 辨识风险和分类

1. 危险源

从安全生产角度解释，危险源指可能造成人身伤害和疾病、财产损失、作业环境破坏或其他损失的根源或状态。

安全管理第一项任务就是找出企业的危险源。

2. 危险源的分类

按照事故发生致因理论可把危险源划分为“第一类危险源”（客体 - 能量或危险物质）和“第二类危险源”（非客体 - 导致能量或危险物质意外释放或泄漏的因素）两类。

（1）第一类危险源　第一类危险源是事故发生的内因。在生产过程中存在的，可能发

生意外释放的能量，包括生产过程中各种能量源、能量载体和危险物质都属于第一类危险源。

第一类危险源的危险性与有害物质数量的多少、能量强度的大小有密切关系。第一类危险源具有的能量越多，发生事故时其后果越严重；相反，当其处于低能量状态时比较安全。

常见的第一类危险源有以下几种：

1）产生、供给能量的装置、设备。如变电所、锅炉、电炉、转炉、能量供给装置（图 2-1）、充电站（图 2-2）等。

图 2-1　电动汽车的能量供给装置

图 2-2　电动汽车充电站

2）使人体或物体具有较高势能的装置、设备或场所。如起重和举升作业（图 2-3）、登高作业（图 2-4）等。

图 2-3　汽车举升作业

图 2-4　汽车美容登高作业

3）有害物质和能量载体。如运动中的车辆、机械（图 2-5 ~ 图 2-8）的运动部件、吊起的重物、带电的导体等。

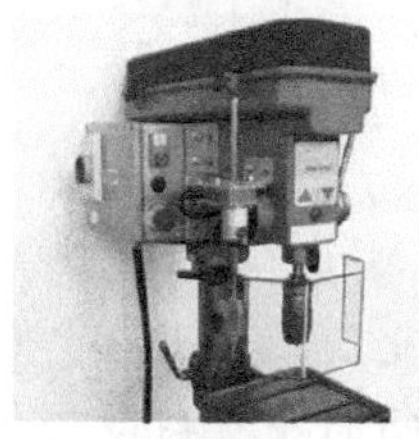

图 2-5　台式钻床

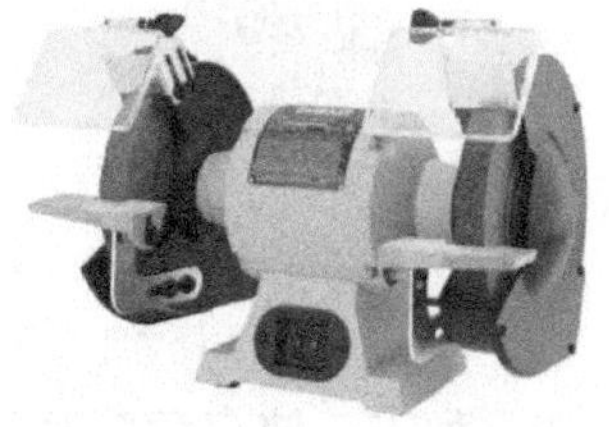

图 2-6　台式砂轮机

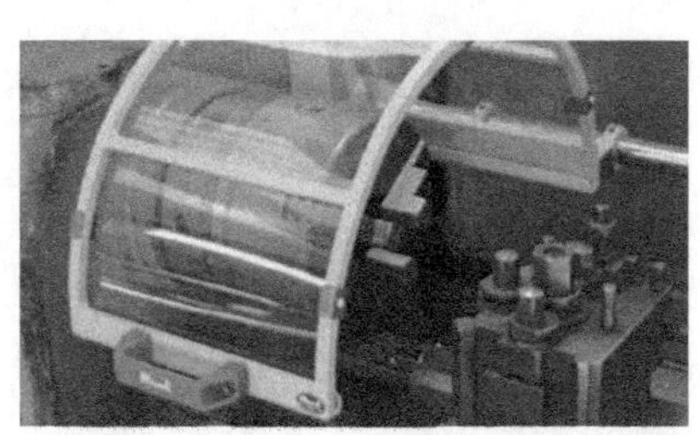

图 2-7　车床

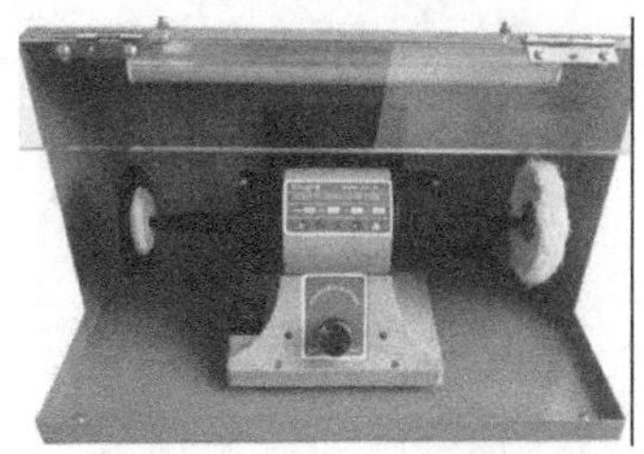

图 2-8　台式抛光机

4）一旦失控可能产生巨大能量的装置、设备、场所。如液氧储罐、LNG 储罐、空气压缩机（图 2-9）、氧气瓶（图 2-10）等。压力容器设备、安全气囊装置（图 2-11）、易产生静电积聚的场所（图 2-12）等。

图 2-9 修理厂用空气压缩机

图 2-10 修理厂用的氧气瓶和乙炔瓶

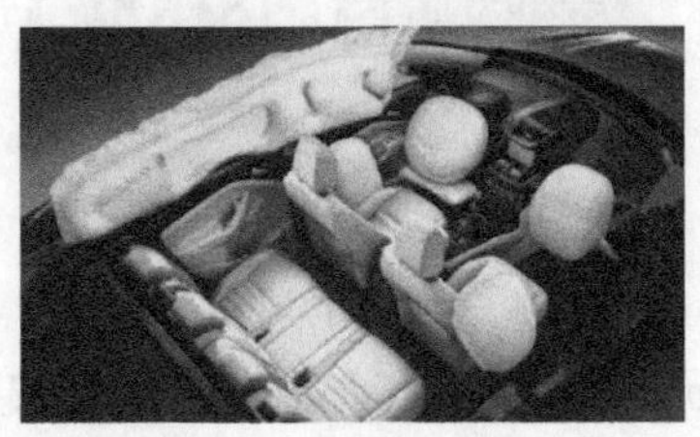

图 2-11 安全气囊装置

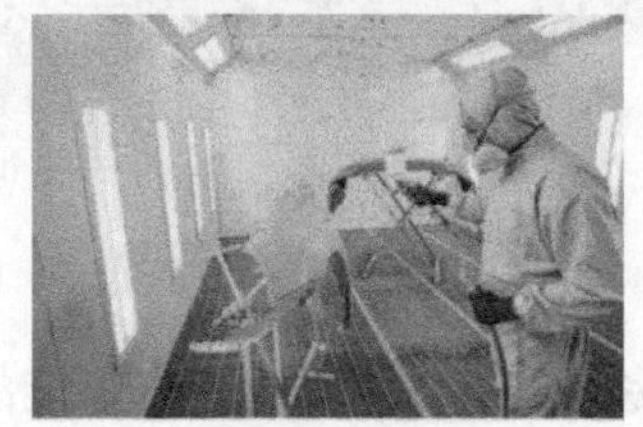

图 2-12 喷涂车间

5）危险物质，如可燃气体和液体（图 2-13）、忌水性物质（高温物料）、混合性危险物质（图 2-14）等。

图 2-13 车用汽油

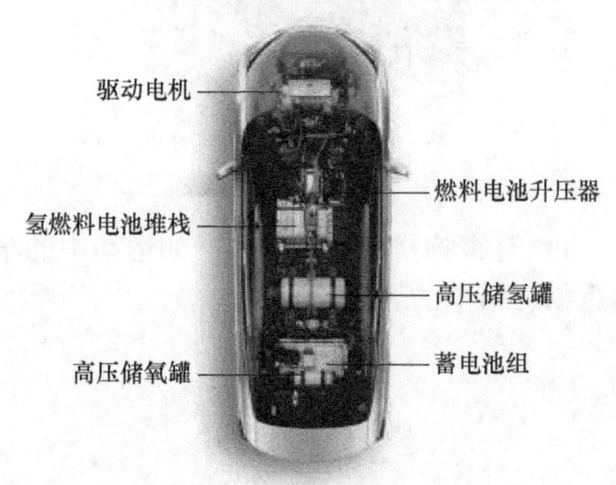

图 2-14 氢燃料电池

6）生产、加工、储存危险物质的装置、设备或场所。如加注燃料区（图 2-15、图 2-16）、制氧车间等。

图 2-15 加油站

图 2-16 液化天然气加气站

7）人体一旦与之接触，将导致能量向人体意外释放的物体。如锐利的毛刺、棱角、正时带（图 2-17）、电风扇（图 2-18）等。

图 2-17　正时带

图 2-18　散热器电风扇

（2）第二类危险源　第二类危险源是导致事故发生的外因，指导致能量或危险物质约束、限制措施（屏蔽）失效或破坏的各种不安全因素。

一般认为，人的不安全行为和物的不安全状态是造成有害物质或能量意外释放的直接原因。

从系统安全的观点考察，使有害物质或能量的约束、限制措施失效、破坏的原因包括人、机（物）、环境和管理缺陷。

1）人的不安全行为。人的失误可能直接破坏对第一类危险源的控制，人的失误也可能造成物的故障，进而导致事故发生。

GB 6441—1986《企业职工伤亡事故分类》中列出不安全行为有 13 大类：

① 操作错误、忽视安全、忽视警告；

② 造成安全装置失效；

③ 使用不安全设备；

④ 用手代替工具操作；

⑤ 物体（成品、材料、工具等）存放不当；

⑥ 冒险进入危险场所；

⑦ 攀、坐不安全位置；

⑧ 在起吊物下作业、停留；

⑨ 机器运转时加油、修理、检查、调整、焊接、清扫等；

⑩ 有分散注意力行为；

⑪ 在必须使用个人防护用品用具的作业或场合中，忽视其使用；

⑫ 不安全装束；

⑬ 对易燃、易爆等危险物品处理错误。

2）物的不安全状态。物的不安全状态指由于性能低下而不能实现预定功能的现象，物的不安全状态就是某种故障状态，物的故障可使约束、限制、有害物质或能量的措施失效而发生事故。

GB 6441—1986《企业职工伤亡事故分类》中列出不安全状态有 4 大类：

① 防护、保险、信号等装置缺乏或有缺陷（图 2-19）；

② 设备、设施、工具、附件有缺陷；

③ 个人防护用品用具——防护服、手套、护目镜及面罩、呼吸器官护具、听力护具、安全带、安全帽、安全鞋等缺少或有缺陷（图 2-20）；

④ 生产（施工）场地环境不良。

图 2-19 氧气瓶上的气压指示和逆回阀

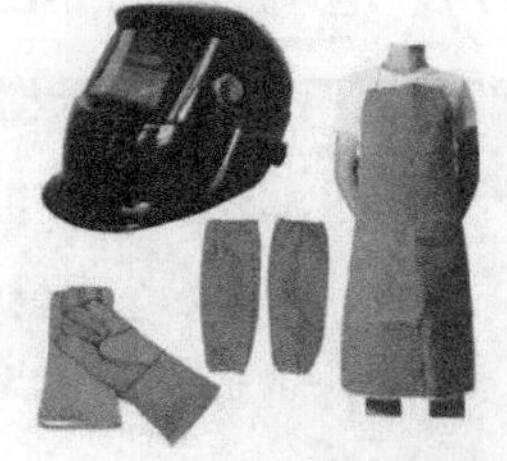

图 2-20 焊工用防护用品

3）环境因素。环境因素主要指系统运行的环境因素，如温（湿）度、照明、粉尘、通风、噪声和振动等物理环境，企业和设备等软环境（图 2-21 ~ 图 2-23）。

环境缺陷有照明光线不良、通风不良、作业场所狭窄、作业场地杂乱、交通线路的配置不安全、操作工序设计或配置不安全、地面滑、贮存方法不安全、环境温度和湿度不当等。

图 2-21 工料加工产生噪声

图 2-22 车间内道路规划

图 2-23 地面上的深井

4）管理缺陷。管理缺陷指在人—机（物）—环境上的安排上出现失误；在硬件上不能使机和环境保障人的安全；在软件上没有制定人—机（物）的交互规则或制定的规则被违反而不能实施，不能消除机对人的伤害。

① 工程设计使用的材料有问题，未达到质量要求等，造成物的不安全状态；

② 安全管理不科学，安全组织不健全，安全生产责任制不明确或贯彻不力；

③ 安全工作流于形式，出了事故抓一抓，上级检查抓一抓，平常无人负责，没有施行 PDCA 闭环管理。安全措施不落实，不认真贯彻安全生产的方针；

④ 对职工不进行思想教育，劳动纪律松弛；

⑤ 忽略防护措施，机器、设备无防护保险装置，安全信号失灵，通风照明不合要求，安全工具不齐备，存在的隐患未及时消除；

⑥ 分配工人工作岗位不当，用人不当；

⑦ 安全教育和技术培训不足或流于形式，对新工人的安全教育不落实；

⑧ 安全规程、劳动保护法律法规实施不力，贯彻不彻底，没有做到横向到边，纵向到底；

⑨ 事故应急预案不落实，对事故报告不及时，调查、处理不当，法制观念不强，执法不严等。

2.2 风险分类与分级

安全管理的核心是风险管理，通过风险分级全面辨识并管控各类危险源，从而解决

“想不到”的问题，解决“管不住”的问题。风险分级的目的是在重点问题上投入更多的资源。风险分级管控和隐患排查治理称为双重预防机制（图2-24）。双重预防机制建设覆盖了企业安全发展的方方面面，是契合企业安全发展水平的有效做法。下面学习双重预防机制中的风险分级方法，并把它应用于车辆运营企业和汽车维修企业的风险管理。

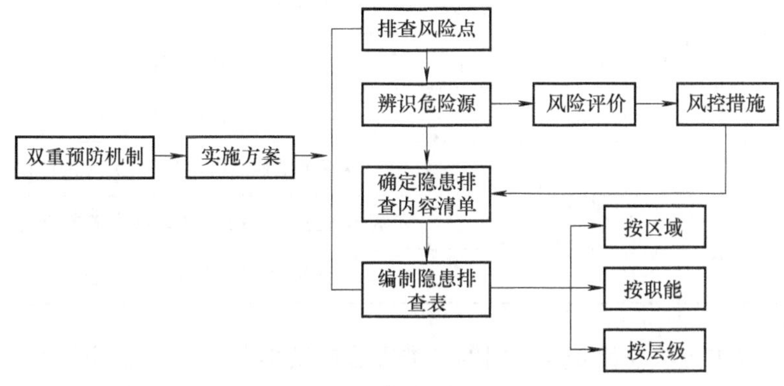

图2-24　双重预防机制的实施方案

1. 风险分级

风险一般按危险度分类。危险度的计算模型有几种，不同模型对不同的行业的有效性不同，实际上不可能在短时间内消灭所有的安全隐患，但是可以消除危险度大的安全隐患，这样日积月累，修理企业的安全管理质量会越来越高。

危险度计算公式：危险度＝频率＋可能性＋严重性

（1）事件发生的频率　频率分值判定标准见表2-1。

表2-1　频率分值判定标准

频　率	分　值	标　准
频繁	4	10次作业里有1次有事故隐患
偶尔	2	50次作业里有1次有事故隐患
很少	1	100次作业里有1次有事故隐患

注意：这里说的事故发生的频率不是每天做这类事的频率，例如清洗油箱这种作业的频率不高，但是发生静电导致火灾的可能性还是偶尔会发生的，所以频率的取值为2。

（2）发生事故后逃脱的可能性　可能性分值判定标准见表2-2。

表2-2　逃脱的可能性分值判定标准

可 能 性	分　值	标　准
极高	6	即使意识到危险，也躲避不了
高	4	即使意识到危险，躲避的可能性不大
比较低	2	如果意识到危险，躲避的可能性很大
低	1	如果注意到危险，基本上可以避免

例如汽车一旦发生了侧滑，即使你意识到了但没有办法挽回，取值为6；汽车行驶过程中轮胎冒烟了，这时有机会弃车躲避的，这类事故取值为2。

(3) 发生事故事件偏差产生的后果严重性 严重性分值判定标准见表2-3。

表2-3 后果严重性分值判定标准

严重性	分值	标准
致命伤	10	死亡、永久性丧失劳动能力或者伤残
重伤	6	需要修病假的伤害（可以痊愈的伤）
轻伤	3	不病休的伤害（需要医生采取治疗措施的伤病）
轻微伤	1	受伤后能立即恢复工作的轻微伤

注意：此种分类方法要比安监部门的分类方法规模小得多，安监部门分类方法是考虑是不是要动用国家资源实施应急工作。这种分类更适合汽车维修企业安全生产事故的严重程度。

2. 风险等级及控制措施（表2-4）

表2-4 风险等级及控制措施

风险等级	危险度	控制措施
Ⅳ	12~20	有必要立即实施风险降低措施（立即停止或改善工作）
Ⅲ	9~11	有必要迅速实施风险降低措施（需要尽快改善工作）
Ⅱ	6~8	有必要有计划地实施降低风险的措施（工作需要改善）
Ⅰ	5以下	必要时实施风险降低措施（根据剩余的风险，必要时实施教育和人员调配）

3. 安全风险分级管控

安全风险分级管控指按照风险不同级别、所需管控资源、管控能力、管控措施复杂及难易程度等因素而确定不同管控层级的风险管控方式。

风险分级管控应遵循风险越高管控层级越高的原则，对于操作难度大、技术含量高、风险等级高、可能导致严重后果的作业活动应重点进行管控。

上一级负责管控的风险，下一级必须同时负责管控，并逐级落实具体措施。

风险管控层级可进行增加或合并，企业应根据风险分级管控的基本原则，结合本单位机构设置情况，合理确定各级风险的管控层级。

图2-25所示为汽车维修作业风险等级划分原则。

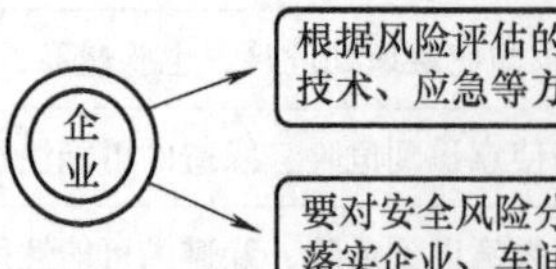

图2-25 汽车维修企业风险等级划分原则

4. 风险等级及分级管控机构层级关系（表 2-5）

表 2-5　风险等级及分级管控机构层级关系

等	级	颜色	危险程度	管控责任单位
D 级	4 级	蓝色	轻度危险	属于低风险，由公司的基层工段、班组、岗位负责控制管理
C 级	3 级	黄色	显著危险	属于一般风险，公司、部室（车间上级单位）关注并负责控制管理，由所属车间、科室具体落实
B 级	2 级	橙色	高度危险	属于较大风险，公司重点控制管理，由安全主管部门和各职能部门根据职责分工具体落实
A 级	1 级	红色	极其危险	属于重大风险，由公司具体组织落实控制管理

下面举例说明危险度计算模型的运用方法。

示例：拆电动汽车动力蓄电池包作业，发生扳手脱手的几率不大，取值为 1；发生脱手后，修理人员躲避的可能性几乎没有，可能性取值为 6；脱手的扳手一旦把蓄电池短路，巨大的短路电流会把金属边缘打碎，碎片会伤到眼球导致永久残疾，所以严重性取值为 10，上述三项相加之和危险度为 17，属于第四级，需要马上采取措施。要求修理人员拆装作业时带上护目镜，飞出的金属碎片伤到皮肤造成轻微伤，到医院处置一下就可以了，严重性降到 3，频次和可能性的值没有变，电动汽车拆装作业危险度降为 10，降为三级。如果采用绝缘扳手，严重性取值会降到 1，安全等级可以降到 2 级。

2.3　风险管理流程

随着社会的发展和科技的进步，现实生活中的危险因素越来越多，无论企业还是家庭，都日益认识到进行风险管理的必要性和迫切性。人们想出种种办法来对付危险，但无论采用何种方法，风险管理的一条基本原则是：以最小的成本获得最大的安全保障。图 2-26 所示为风险辨识与分级管控的过程。

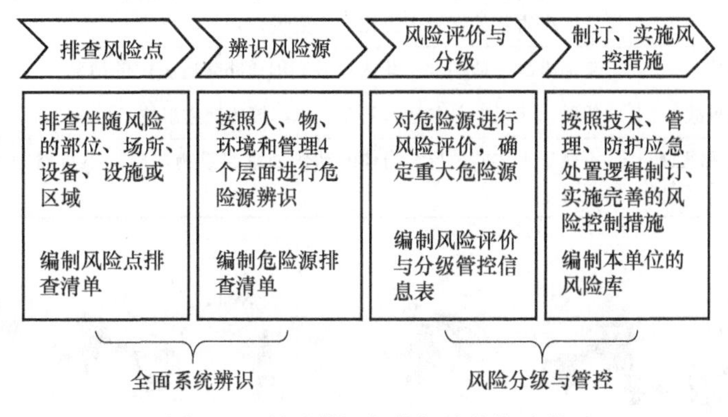

图 2-26　风险辨识与分级管控的过程

2.4　汽车维修企业事故伤害类型

汽车维修作业的安全生产事故可以按照起因物和致害物分成 20 类，还可以把这 20 类事

故类型再分到具体汽车维修作业里，例如举升作业，维修作业、电器作业、钣金和涂装作业、汽车美容作业。

1. 汽车维修行业事故伤害类型

汽车维修行业事故伤害类型见表2-6，各种事故伤害类型如图2-27所示。

表2-6 汽车维修行业事故类型

序号	类　型	说　明
1	坠落、滑落（高处坠落）	人从树木、建筑物、脚手架、机械、运载工具、梯子、楼梯、斜坡等高处坠落
2	跌倒	人在同一平面上摔倒或滑动倒下的情况
3	碰撞（起重伤害）	除了坠落、跌落和跌倒意外，人作为主体静止或移动，与吊钩、机器的部分等撞击。注意是摆动，不是飞过来的
4	飞来物或下落物	飞来的东西，落下的东西击中人体的情况（是自由落体，初速度为零）
5	坍塌	堆积物（包括泥土等）、脚手架、建筑物等倒塌，砸中人的情况
6	物体打击（撞击）	除了坠落、倒塌物，击中人外，被甩出的物体击中（该物体有一定的初速度）
7	被挤压，被卷入	夹在物体里和被卷入的状态下，被压扁、被扭扁等
8	切、磨	被摩擦、被搓的状态下被划伤的情况等
9	踩踏	踩到钉子、金属片等的情况
10	淹溺	掉进水中淹死
11	与高温、低温物体的接触	与高温、低温物体接触而被灼伤或冻伤
12	与有害因素的接触	暴露于辐射、有害光线、CO场合中的伤害，还包括暴露于缺氧、高气压、低气压等有害环境中的伤害
13	触电	接触带电体或因电弧放电使人体受到电击的情况，包括电击、电灼伤和皮肤金属化
14	爆炸	压力的急剧增大或释放，伴随着轰鸣声的膨胀
15	破裂	压力容器或密闭装置开裂
16	火灾	与火灾有关的连锁反应，包括爆炸和有害物质接触（煤气中毒）等（在统计上，爆炸或有害物的接触中毒比火灾更优先）
17	道路交通事故	交通事故中适用《中华人民共和国道路交通法》的情况
18	非车辆交通事故	船舶、飞机、公共运输列车、电车等的交通事故
19	动作的反动和无理动作	不属于上述的情况，身体的动作如拿起重物弯腰、不自然的姿势、反关节动作等情况

图2-27 各种事故伤害类型

2. 汽车维修行业事故伤害示例

（1）使用举升机作业的可能事故伤害　使用举升机作业的可能事故伤害见表 2-7。

表 2-7　使用举升机作业的可能事故伤害

阶段	序号	起因工具、机器设备	危险性或有害性而有可能发生的伤害的例子
设定阶段	1	举升机（被挤压、被卷入）	在设置时，由于误按下了上升按钮，作业人员的手被夹在车辆之间，导致骨折
	2	举升机（被挤压、被卷入）	当作业人员 A 在固定车辆时，作业人员 B 不小心按下举升键，做固定操作的作业人员 A 的手被夹伤，导致手指骨折
	3	举升机（飞来·降落）	驱动式举升机发生左右不平，倒接板卡住，试图用手按住它的时候，倒接板落在作业人员的脚上，导致骨折
	4	举升机（飞来·降落）	举升机抬起车辆，一只手握住短臂，另一只手握住垫块。滑动短臂，作业人员 A 手滑了一下，垫块掉落在作业人员 A 的脚上，导致磕碰
抬起阶段	5	举升机（被挤压、被卷入）	抬起车辆的时候，车辆从举升机上滑下来，作业人员想用手按住车辆，被车辆夹住，导致死亡
	6	举升机（飞来·降落）	举升机上升停下时，车辆失去平衡，车辆坠落砸到旁边的作业人员，导致死亡
	7	举升机（飞来·降落）	举升机上升时，举升机的托块撞到车辆，由于没有缓冲橡胶垫，车辆的前上支臂脱落，车辆坠落，前轮砸在作业人员的脚上，导致骨折
	8	举升机（飞来·降落）	使用四柱举升机或两柱举升机举升车辆时，举升臂脱落，车辆坠落，导致作业人员死亡
	9	举升机（飞来·降落）	轻型车辆的车宽刚好与举升机宽度差不多，车辆开上后左、右边偏离，车辆在被举升机上升过程中坠落，砸到作业人员导致死亡
	10	举升机（飞来·降落）	作业人员在举升车辆的时候，由于设置错误，稳定性不好，车辆坠落，导致作业人员死亡
	11	举升机（飞来·降落）	作业人员疏忽了日常检查和定期检查，导致车辆支架破损，升起车辆时，车辆坠落，导致作业人员被夹在车辆之间而死亡
	12	举升机（飞来·降落）	X 型举升机支臂使用了左、右不同的橡胶垫块，平衡被破坏，车辆坠落，作业人员被夹在车辆之间而死亡
	13	举升机（飞来·降落）	因为原厂的插销破损了，所以用同样大小的木块代替，车辆坠落，导致举升机附近的作业人员被车辆夹死
	14	举升机（飞来·降落）	臂式举升机没有避震装置，车辆升高时翻滚、坠落，作业人员被夹在车辆中死亡
	15	举升机（被挤压、被卷入）	车辆上没有装轮胎（没有驻车制动），在 X 型举升机上，车辆移动，作业人员被夹在车辆中间，导致头部磕碰
	16	举升机（拉伤、扭伤）	由于导线的伸长等，举升机的水平被破坏，没有使用驻车制动或止动装置，车辆向后方移动，导致作业人员出来时伤了腰部
	17	跌倒	在提起作业中，因作业人员踩到地板上滚动零件，导致作业人员跌倒而扭伤脚

（续）

阶段	序号	起因工具、机器设备	危险性或有害性而有可能发生的伤害的例子
主作业阶段	18	举升机（碰撞、被卷入）	作业人员 A 正在举升车辆下检验底盘时，作业人员 B 对举升机进行了下降操作，作业人员 A 的腿被举升机板夹住，导致骨折
	19	举升机（碰撞、被卷入）	当作业人员 A 在车辆下方维修车辆时，作业人员 B 操作举升机遥控器下降，作业人员 A 被压在车辆下，导致死亡
	20	举升机（飞来·落下）	在举升车辆时，没有及时更换导线，导线破裂并且举升力下降，车辆突然下降擦伤工人头部和后背
	21	举升机（飞来·落下）	使用驱动开启型深埋 2 柱举升机举升车辆，进行拆装变速器作业时，由于重心失衡车辆坠落到作业人员身上，导致工人死亡
	22	举升机（碰撞、被卷入）	使用驱动式四柱举升机进行维修作业时，未对轮胎制动导致拆车轮的时候使车辆移动，后轮坠落，撞到作业人员肩膀
	23	举升机（碰撞、被卷入）	重要安全部件（链条、导线等）已经超过了使用寿命期，没有更换，作业人员在维修车辆时，车辆突然落下，导致作业人员死亡
	24	举升机（碰撞、被卷入）	由于错误的使用方法引起车辆坠落，本来应该逃跑，却试图用手压住车厢，车厢掉了下来，导致作业人员死亡
	25	举升机（碰撞、被卷入）	货车被停放在举升机上，当预抬高打开驾驶室时，车辆向前倾倒、坠落，车辆前方的作业人员身体被撞击
	26	举升机（碰撞、被卷入）	车辆在保持举升位置上，车身剧烈摇晃，车辆降下时摇晃，导致作业人员被车辆夹住死亡
	27	举升机（碰撞、被卷入）	举升车辆时，灰尘从车辆上掉落，由于作业人员没有戴防护眼镜，导致眼睛伤害
	28	举升机（碰撞、被卷入）	蓄电池漏液引起提升链和导线被腐蚀，使用时链条断裂，车辆坠落，砸在工人身上，导致死亡
	29	举升机（坠落）	防止掉落用的安全装置在故障状态下使用，钢丝绳索断开，车辆坠落，导致在车下的工人被砸后死亡
	30	举升机（坠落）	在 2 柱举升机上，车辆放置的方向错误，破坏了车辆的前、后平衡，车辆坠落，导致作业人员被车辆夹死
	31	举升机（物体打击）	要拔出油尺时，油尺在油箱内的空气压力作用下飞出，击中作业者的头部死亡
	32	举升机（物体打击）	由于维修与保养不当，导致控制阀漏油，安全装置失效，在拆下差速器时，举升机突然下降，导致作业人员与车辆碰撞使其头骨骨折
	33	举升机（物体打击）	举起货车后，下推床板的时候，背后误触发了压力开关，举升机下落，导致工人锁骨骨折
下降阶段	34	举升机（挤压）	作业人员 A 在操作举升机下降，另一边的作业人员 B 不知道，作业人员 B 的腿被夹骨折了
	35	举升机（挤压）	作业人员在降下举升机时，眼睛看别处，未注意自己的脚在举升机下面，被下降的举升机压住，导致骨折
	36	举升机（高空坠落）	作业人员 A 在车辆下降时从车上取零部件，用力抬起车身时使车辆坠落，导致车辆附近的作业人员 B 被车辆砸死
	37	举升机（物体打击）	在附近的人没有注意到举升机开始下降，撞到头部

（2）使用千斤顶作业时可能事故伤害　使用千斤顶作业时可能发生的事故伤害见表2-8。

表2-8　使用千斤顶作业时可能发生的事故伤害

序号	起因工具、机器设备等	危险性或有害性而有可能发生的伤害的例子
1	车库千斤顶（挤压）	因为是短时间的作业，用千斤顶把车辆顶起，没有使用刚性支撑，无意触碰到千斤顶的下降杆，使得车辆下降，工人被压在车辆和地面之间，被挤压
2	车库千斤顶（挤压）	工人维修车辆时，使用千斤顶顶举车辆后，没有使用刚性支撑，车辆不平衡，工人被压在车底，死亡
3	车库千斤顶（坠落）	顶起车辆，调整后轮制动器时，千斤顶下落，车身碰到作业人员的头部，导致身亡
4	变速器千斤顶（飞来·落下）	车辆被顶起后，控制杠没有收起，旁边有车辆经过，意外碰到控制杆，千斤顶下落，工人被压在车下，导致身亡
5	变速器千斤顶（坠落）	被举升的变速器重量超过举升设备允许的最大载重量，车辆或发动机坠落，导致工人死亡
6	发动机千斤顶（切割）	拆下发动机的时候，发动机从千斤顶上落下，发动机的进气管端切断作业人员手臂
7	轮胎千斤顶（挤压）	卸轮胎时千斤顶放置太多了，破坏了车身的平衡，作业人员处于车身和地面的腿部夹住，导致骨折
8	轮胎千斤顶（挤压）	由于千斤顶支撑在不稳定的地面，千斤顶倒下砸在作业人员脚上，导致骨折
9	液压千斤顶（飞来·落下）	在更换后轮轮胎的过程中，提高了举升后轮的千斤顶的高度，在操作时打破车辆的平衡使车身掉落，砸到作业人员的后脑勺导致磕碰

（3）使用吊车、链条行车等作业的可能事故伤害　使用吊车、链条行车等作业时可能发生的事故伤害见表2-9。

表2-9　使用吊车、链条行车等作业时可能发生的事故伤害

序号	起因工具、机器设备等	危险性或有害性而有可能发生的伤害的例子
1	起重机	用起重机吊车或零部件时，导线断开，车辆下面的作业人员被车压住，导致死亡
2	起重机	用起重机把没有轮胎的轻型卡车吊起来拆装零部件时，绳子断了，车厢下面的作业人员被压住，导致死亡
3	滑轮行吊	把发动机吊回车内时，作业人员的手被夹住，导致骨折
4	清障车	用绞车把故障车辆拉上拖车时，突然断裂的钢丝绳割伤了工作人员的胸部

（4）更换轮胎、充气作业时可能事故伤害　更换轮胎、充气作业时可能发生的事故伤害见表2-10。

表 2-10　更换轮胎、充气作业时可能发生的事故伤害

序号	起因工具、机器设备等	危险性或有害性而有可能发生的伤害的例子
1	电动充气泵（破裂）	修理轻型卡车的被刺破的内胎并给轮胎充气时，轮胎爆裂，外胎和钢圈飞起，击中工人的头部，导致骨折
2	电动充气泵（破裂）	在修理完穿孔的轮胎，充气至450kPa时，轮胎变形了，检查的时候胎面破裂，压力将作业人员手冲击至骨折
3	电动充气泵（破裂）	农耕用拖拉机轮胎修补后，坐在轮胎上给轮胎充气，这时充气管道破裂，把作业人员的头部推向混凝土墙上，导致其死亡
4	电动充气泵（破裂）	自卸卡车的爆胎冲入800kPa气压，把充过气的轮胎安装到自卸货车上时，轮胎突然爆裂，作业人员被气流吹起来，头部被机械设备撞击，导致头部骨折
5	电动充气泵（破裂）	给装在货车上的轮胎充气时，轮毂破损，卡环在压力作用下飞出，直接击中作业人员的头部，导致其头部骨折
6	电动充气泵（爆炸）	货车、客车外胎被修补完，胎面向下放在地板上充气，轮胎发生爆炸，外胎飞出击中作业人员的头部，导致作业人员死亡
7	扒胎机（物体打击）	大型叉车的轮胎补胎后，给轮胎充气时，轮辋与车轮外胎脱落，轮辋击中作业人员的腹部，导致死亡
8	扒胎机（物体打击）	更换大型翻斗货车轮胎后，给轮胎充气时，轮辋突然飞出，击中作业人员的腰和手腕，导致骨折
9	扒胎机（物体打击）	将新外胎装在铝轮毂后，给轮胎充气时，轮胎飞出来击中作业人员的头，导致死亡
10	动平衡机（物体打击）	更换轮胎后，给轮胎进行动平衡，附加重块在轮胎旋转时飞出，打伤作业人员的脸
11	动平衡机（撞击）	在没有装安全护罩的情况下，转动平衡机并用手触摸旋转的轮胎，导致手指骨折
12	动平衡机（物体打击）	在没有装安全护罩的情况下，转动平衡机并触碰轮胎上的石子，石子落入作业人员眼睛，导致作业人员的视力下降
13	冲击扳手（伤害）	卸下轮胎时，作业人员不使用耳塞防护，工作噪声导致其听力下降

（5）使用磨床、切割机和钻孔机作业时可能事故伤害　使用磨床、切割机、钻孔机作业时可能发生的事故伤害见表 2-11。

表 2-11　使用磨床、切割机、钻孔机作业时可能发生的事故伤害

序号	起因工具、机器设备等	危险性或有害性而有可能发生的伤害的例子
1	角磨机（物体打击）	手持电动角磨机打磨零部件过程中，用力按压侧面，导致砂轮片破碎，碎片射进作业人员的腹部
2	磨床（物体打击）	便携式气动研磨机的砂轮片不能使用了，用一块石板代替砂轮片，研磨时石板破碎，其碎片打到作业人员的脚上，造成伤害
3	磨床（物体打击）	手持气动角磨机抛光金属零部件时，角磨机从手中滑落，导致砂轮片破碎，破碎的砂轮片刺伤了工人的腿部

（续）

序号	起因工具、机器设备等	危险性或有害性而有可能发生的伤害的例子
4	磨床（物体打击）	用台式磨床的砂轮侧面打磨工具时，砂轮破碎，碎片击中作业人员的头部，导致其受伤
5	磨床（物体打击）	零件抛光过程中，作业人员未戴安全眼镜，碎片进入作业人员眼睛导致其失明
6	高速切割机（物体打击）	尝试切割管道时，切割的角度不正确，导致切屑伤到作业人员的手部
7	钻床（卷绕、挤压）	使用钻床时，作业人员手套被旋转钻头缠住，导致其手部受伤
8	钻床（卷绕、挤压）	使用台式钻床时，被加工零部件固定不牢，与钻头一起旋转，旋转的金属工件将工人的手指切断

（6）洗车/洗车作业的可能事故伤害　洗车作业时可能发生的事故伤害见表2-12。

表2-12　洗车作业时可能发生的事故伤害

序号	起因工具、机器设备等	危险性或有害性而有可能发生的伤害的例子
1	高压热水清洗机（撞击）	洗车时，作业人员没有牢牢握住清洗枪，清洗枪脱手击打作业人员身体而导致其受伤
2	高压热水清洗机（灼伤）	洗车时没有戴防护手套，作业人员的手触碰到热水枪炽热的金属部分，导致灼伤
3	高压热水清洗机（灼伤）	洗车的时候，作业人员A眼睛看着别处，将水枪朝向旁边的作业人员B，高压和高温造成该作业人员B的损伤和灼伤
4	高压热水清洗机（火灾）	由于未检查设备，锅炉中的煤油池发生煤油累积，累积的煤油着火，导致作业人员烧伤
5	高压热水清洗机（火灾）	加入错误燃料，添加了汽油和稀释剂而不是煤油，引起火灾，导致作业人员被重度烧伤
6	高压热水清洗机（火灾）	作业人员一边操作设备，一边加油，引起火灾，导致自己烧伤
7	高压热水清洗机（触电）	清洗机使用时没有接地，发生短路时，作业人员触电
8	高压热水清洗机（触电）	洗车时，作业人员赤脚或没有穿绝缘靴，发生清洗机漏电时，作业人员被电击
9	门式洗车机（挤压）	洗车时，作业人员从门式洗车机狭小空间内通过，被挤死
10	门式洗车机（挤压）	作业人发现在洗车时忘记关上车窗，在不停机的情况下上车关车窗，被卡在车辆和洗车机之间，导致死亡
11	门式洗车机（触电）	由于一侧电源上没有安装漏电保护断路器，发生漏电时，作业人员触电死亡
12	门式洗车机（触电）	在主电源打开时，作业人员打开控制面板并触摸面板内部电路，导致触电
13	脚垫清洁机（卷入）	作业人员的脖子上缠着毛巾，毛巾被脚垫机缠住，导致其窒息而死
14	脚垫清洁机（触电）	脚垫清洁机使用时没有接地，发生短路时，导致作业人员触电
15	脚垫清洁机（触电）	在清洁操作过程中，赤脚操作，发生漏电时，导致作业人员触电

（7）检车线作业时可能事故伤害　检车线作业时可能发生的事故伤害见表2-13。

表2-13　检车线作业时可能发生的事故伤害

序号	起因工具、机器设备等	危险性或有害性而有可能发生的伤害的例子
1	转毂试验台（挤压）	在测试车辆时四处走动，腿掉到滚子里，导致腿部骨折
2	转毂试验台（挤压）	辊子总成下降后，在辊子上行走，旁边的脚手架护栏坏了或不牢固，导致工人跌倒，腿被辊轮折断
3	转毂试验台（挤压）	中间提升滚筒时，作业人员将手放在滚筒上，手被夹住，导致手部骨折
4	转毂试验台（挤压）	进行速度测试时，卡在轮胎中的异物（例如石头）在轮胎旋转时飞出，击中作业人员的眼睛，导致其失明
5	转毂试验台（击打）	在进行速度测试时，车辆的车速超出了最大允许速度，车辆失控，撞到测量车辆前方的操作员，导致其全身受伤
6	转毂试验台（击打）	车辆在速度测试中操作转向，由于车辆没有使用两个固定装置，车辆驶出，车辆的侧面撞到作业人员，碾压他的整个身体
7	转毂试验台（击打）	转速测试期间，中间提升机没有锁死，车辆跳出撞到车辆前方的作业人员，导致死亡
8	侧滑检测台（击打）	侧滑板没有被锁死，作业人员在侧滑板上走动，摔倒，摔断了腿
9	灯光检查（滑倒）	作业人员从一侧移动到另一侧，在前照灯测试仪的轨道上行走时摔倒，导致腿部骨折
10	灯光检查（挤压）	作业人员上下移动时将其手放在接收器周围，导致骨折
11	灯光检查（中毒和职业伤害）	作业人员长期面向灯凝视着的激光束，导致失明
12	尾气检测仪（中毒）	测量期间，工作场地通风不足，作业人员吸入大量的CO / HC，导致中毒

（8）电器作业时可能事故伤害　电器作业时可能发生的事故伤害见表2-14。

表2-14　电器作业时可能发生的事故伤害

序号	起因工具、机器设备等	危险性或有害性而有可能发生的伤害的例子
1	蓄电池充电器（起重伤害）	在给蓄电池充电时放下升压器，将蓄电池盖放在左眼上观察，导致视网膜受伤
2	蓄电池充电器（中毒）	给蓄电池充电时，由于通风不足，蓄电池释放出毒气，导致作业人员中毒
3	蓄电池充电器（爆炸）	误以为蓄电池已充满电，没有关闭电源，带电取下充电夹钳时，蓄电池爆炸，伤到作业人员眼部，导致其失明

（9）地沟作业的可能事故伤害　地沟作业时可能发生的事故伤害见表2-15。

表2-15　地沟作业时可能发生的事故伤害

序号	起因工具、机器设备等	危险性或有害性而有可能发生的伤害的例子
1	地沟作业（卷绕）	作业人员A在调整横拉杠期间，作业人员B不小心移动了车辆，作业人员A的手被卡在驱动轴中，导致骨折
2	地沟作业（坠落）	取工具时，不小心将工具落入坑中，砸在自己脚上，导致骨折
3	地沟作业（物体打击）	取放在坑道地面上的工具时，头部撞在车辆下支臂上，导致撕裂伤
4	地沟作业（中毒）	从燃油箱抽燃油时，抽油管脱开，断开燃油软管时，汽油泄漏，汽油蒸气充满地坑，导致作业人员中毒

（10）维修作业时可能事故伤害 维修作业时可能发生的事故伤害见表2-16。

表2-16 维修作业时可能发生的事故伤害

序号	起因工具、机器设备等	危险性或有害性而有可能发生的伤害的例子
1	工程车辆（挤压）	清理混凝土搅拌车搅拌机中的水泥时，作业人员被卡住箱体中间，被挤压导致死亡
2	叉车靠背（挤压）	在叉车的维修工作中，卸下靠背时，作业人员A摔倒了，手被夹在靠背与地面之间，导致骨折
3	货车大箱板（挤压）	检查4吨平板货车时，作业人员A在后轮胎作业，作业人员B忘记锁上侧箱板，结果在拆卸过程中突然打开落下，作业人员A的头被夹在后轮胎和侧箱板之间，导致颈部错位
4	车身作业（挤压）	在检修灯光时，坐在驾驶人座椅上的作业人员A起动了发动机，误挂入倒档，汽车突然后退，车后方的作业人员B被夹在汽车和墙壁之间，导致身亡
5	车身作业（撞击）	在四轮定位测量过程中，当松开驻车制动器手柄后，车辆开始前进移动，将作业人员夹在墙壁和车辆之间，导致作业人员腿部骨折
6	车身制动鼓（中毒）	拆卸制动鼓时，用空气清洗剂清洗制动蹄片，长期吸入粉尘，导致尘肺病
7	车内（中毒）	在夏季检查发动机故障的车辆时，发动机周围长时间发热，高温导致作业人员感觉恶心
8	高压电器（触电）	在维修电动车辆时，未戴绝缘手套，触摸高压部件时触电
9	发动机风扇（挤压）	在未关闭发动机的状况下进行维护作业时，食指被搅入风扇传动带中，导致割伤
10	发动机（坠落）	从车辆上卸下发动机时，发动机脱手，导致作业人员脚部骨折
11	发动机（拉伤）	修理汽车发动机时，抬起发动机时，背部肌肉被拉伤
12	发动机正时结构（拉伤）	在更换发动机正时/传动带时，扳手脱落掉在旋转机构内后被甩出，导致作业人员手部擦伤
13	发动机正时齿轮（物体打击）	更换机油泵密封圈，拆换正时带，作业人员左手握住齿轮，右手转动气动冲击扳手，啮合齿轮把作业人员的手指切断
14	发动机散热器（灼伤）	在车辆检查期间，更换散热器中的水时，手被灼伤
15	冷却系统（灼伤）	对“开锅”的（过热的）车辆进行维修时，松开散热器的放水旋塞或放冷却液的过程中，高温冷却液喷出，导致灼伤
16	点火系统触电（触电）	检查火花塞时，触电
17	变速器（坠落）	在工作台上组装变速器时，变速器从工作台上滑落并掉落在作业人员的脚上，导致其脚部骨折
18	悬挂螺旋弹簧（坠落）	在将螺旋弹簧安装到汽车上的过程中，工具脱落并被弹簧弹出，击中作业人员手指导致瘀伤
19	夹具（物体打击）	在校正车身时未使用安全绳，发生夹具脱落时，导致作业人员手指被切断
20	梯子（坠落）	在抛光过程中，作业人员踩在梯子上抛光车顶较高位置时，从梯子上掉下，导致臀部受伤
21	梯子（坠落）	在车间清洗货车时，作业人员从梯子摔下来，导致锁骨骨折

（续）

序号	起因工具、机器设备等	危险性或有害性而有可能发生的伤害的例子
22	换机油（滑倒）	在发动机机油排放过程中，车辆和地板上有油渍，导致作业人员滑倒而伤害腰部
23	机油（灼伤）	更换机油时未戴手套，热机油将手部烫手
24	发动机清洁剂（中毒）	清洁发动机时，因通风不良，清洁剂含有的有害气体导致作业人员恶心
25	发动机室内（挤压）	检查冷却器/冷凝器风扇时，电风扇突然启动，作业人员的手指被绞进去，导致撕裂伤
26	制动鼓	用气枪清洁鼓式制动器上的灰尘时，灰尘飞入作业人员的眼睛，导致受伤
27	排气管（灼伤）	更换转向齿条罩时，作业人员的手触摸到热的排气歧管，导致灼伤
28	使用锤子（物体打击）	在货车维修工作中，用锤子敲打零部件时，锤子反弹，伤到牙齿
29	钣金滑动锤（挤压）	在使用钣金锤时，伤到手指
30	发动机升降器（坠落）	在安装和拆卸发动机面板和其他部件时未使用举升设备，重物坠落，导致作业人员脚部骨折
31	扭力扳手（挤压）	在使用扭力扳手测量轮胎螺母的锁紧力矩时，用力过猛，导致手磕到地面上而受伤

（11）焊接作业的可能事故伤害　焊接作业时可能发生的事故伤害见表2-17。

表2-17　焊接作业时可能发生的事故伤害

序号	起因工具、机器设备等	危险性或有害性而有可能发生的伤害的例子
1	焊机（火灾）	在焊接过程中，工作场所的燃油箱被点燃并着火，导致作业人员烧伤
2	焊机（爆炸）	在对罐车货车接口法兰进行维修时，电焊火花点燃油气混合物发生爆炸，导致死亡
3	焊机（物体打击）	在焊接过程中没有戴手套和防护眼镜，火花落入作业人员眼睛，导致灼伤和失明
4	钣金（中毒）	在钣金加工过程中，锤击和敲打焊点时，导致作业人员右耳耳聋
5	气动锯（物体打击）	用气动锯切割车体时，作业人员手腕因振动而受损

（12）油漆和钣金作业的可能事故伤害　油漆、钣金作业时可能发生的事故伤害见表2-18。

表2-18　油漆、钣金作业时可能发生的事故伤害

序号	起因工具、机器设备等	危险性或有害性而有可能发生的伤害的例子
1	喷漆枪（中毒）	在狭窄的空间内喷漆时，油漆喷到了眼部，导致角膜损伤
2	打磨（中毒）	未佩戴防护口罩和集尘器，吸入漆膜和腻子粉末，导致肺功能降低
3	调漆（中毒）	没有佩戴防护眼镜，溶剂溅入作业人员眼睛，导致失明
4	调漆（中毒）	未使用手套，溶剂导致皮肤刺激
5	调漆（中毒）	未佩戴面罩，吸入溶剂，导致中毒
6	喷漆（中毒）	在室内进行了喷漆作业，溶剂扩散导致不适
7	喷漆房（火灾）	燃烧器不完全燃烧而引起燃烧爆炸，导致作业人员全身灼伤
8	烤漆（灼伤）	红外加热器的加热管不会变红，作业人员不小心触摸它，导致灼伤
9	工作室（灼伤）	在夏天工厂内部很热，在加工钣金时中暑

这个事故伤害分类比国标的分类细，更符合维修企业的实际情况。在实际工作中可以根据自己的需要选择采用哪种分类方法进行统计。

2.5　隐患排查治理

1. 事故隐患

安全生产事故隐患定义为“生产经营单位违反安全生产法律、法规、规章、标准、规程和安全生产管理制度的规定，或者因其他因素在生产经营活动中存在可能导致事故发生的物的危险状态、人的不安全行为和管理上的缺陷”。

图 2-28 所示为事故隐患排查流程图，图 2-29 所示为事故隐患排查制度。

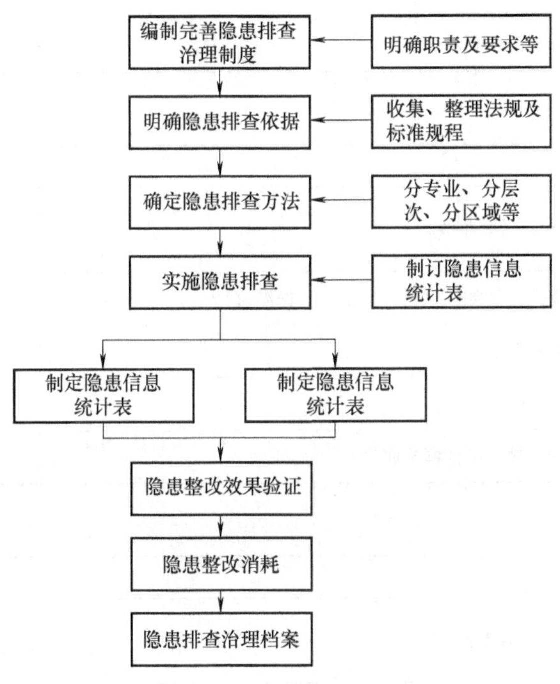

图 2-28　事故隐患排查流程图

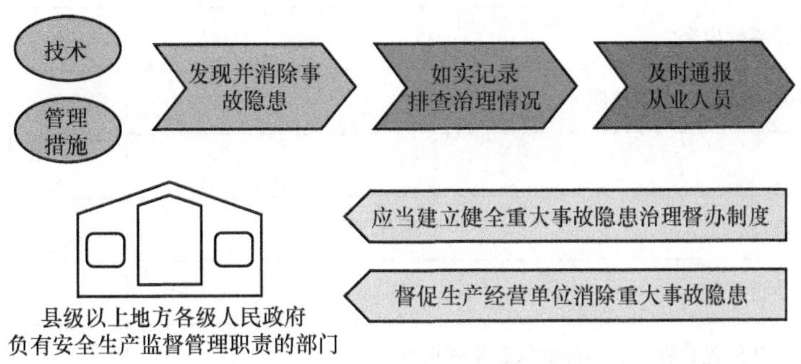

图 2-29　事故隐患排查制度

2. 维修企业安全隐患排查表

维修企业安全隐患排查表见表2-19～表2-41。

表2-19 安全培训类排查表

检查人：	日期：		
意见标注：（○）合格，（×）需要整改	位置	条件	意见
是否给新员工培训？			
初次培训内容是否包括与工作岗位相关的风险与事故的总结？			
是否给个人防护提供适当的指导？			
是否培训如何使用应急设备？			
员工是否知道有拒绝危险作业的权利？			

表2-20 环境类排查表

检查人：	日期：		
意见标注：（○）合格，（×）需要整改	位置	条件	意见
是否有保温或降暑的物质提供（例如：饮料，皮手套，保温靴）？			
公司提供防寒服、防雨服是否舒适和轻便？			
潮湿了的工作地面和防滑地面是否安全？			
员工是否知道冻伤、冻僵和中暑、热痉挛的症状？			

表2-21 工作过程类排查表

检查人：	日期：		
意见标注：（○）合格，（×）需要整改	位置	条件	意见
重复性的动作进度是否合理？是否维持在最小量？			
是否所有员工都可以拿到安全方面的数据？			
危险是否用标识或标签标出来？			
叉车、货车等设备持续被检查和维修吗？			
是否有上锁流程？			
通风设备是否工作良好？			
灰尘和异味收集器是否有效？			
安全淋浴，眼睛清洗站位置是否适当，技术状态是否良好？			

表 2-22　火灾响应类排查表

检查人：	日期：		
意见标注：（○）合格，（×）需要整改	位置	条件	意见
在作业点是否贴有火灾处置预案？			
每个员工是否知道这个预案？			
定期举行预案演练？			
配备的灭火器类型是否适合该区域的火灾类型？			
灭火器是否足够？			
灭火器存放的位置是否标识明显？			
灭火器固定是否适当，易于取用？			
灭火器是否充满，处于可使用状态？			
专用灭火器是否清楚标识？（例如锂离子蓄电池专用灭火器）			

表 2-23　紧急出口类排查表

检查人：	日期：		
意见标注：（○）合格，（×）需要整改	位置	条件	意见
是否有足够的出口允许迅速逃离？			
员工有方便的通道到达出口吗？			
紧急情况下，出口门是否会打开，以便疏散？			
出口有清楚的标示吗？			
出口和出口通道是否有应急照明？			
出口和出口通道是否畅通（例如通道或门口没有存放物品）？			

表 2-24　物流类排查表

检查人：	日期：		
意见标注：（○）合格，（×）需要整改	位置	条件	意见
卸货平台、防撞装置、楼梯和台阶是否完好？			
灯具是否处于良好状态？			
所有的工作区域是否干净，没有杂物？			
储存的材料是否正确堆放和间隔合理？			
工具是否放在适当的位置？			
是否有盛油布和类似垃圾的金属容器？			
地板有溢油或渗漏吗？			
是否有可用的吸收布用来立即清理泄漏和渗漏？			
危化品是否都有适当的储存？			

表 2-25　装卸轨道类排查表

检查人：	日期：		
意见标注：（○）合格，（×）需要整改	位置	条件	意见
升高平台上的台阶、栏杆和可伸缩的坡道是否维修良好？			
管道和有管道连接的设备是否处于良好状态，无泄漏？			
吊臂的运作是否令人满意？			
浸没式充液二级阀门工作正常吗？			
连接和接地电缆是否没有断裂或损坏？			
连接是否牢固？			
导线、接线盒等的情况是否良好（目视检查）？			

表 2-26　照明类排查表

检查人：	日期：		
意见标注：（○）合格，（×）需要整改	位置	条件	意见
工作时的光线是否足够安全和舒适？			
工作台面、显示器、屏幕和键盘上的灯光会产生眩光吗？			
应急灯是否充足并定期测试？			

表 2-27　安全护栏或护罩类排查表

检查人：	日期：		
意见标注：（○）合格，（×）需要整改	位置	条件	意见
所有的机器零件都有适当的防护吗？			
机器防护罩符合标准吗？			
所有的防护装置都到位并按设计进行操作了吗？			
在拆除防护罩进行维修时，是否遵循了锁定程序？			

表 2-28　电气类排查表

检查人：	日期：		
意见标注：（○）合格，（×）需要整改	位置	条件	意见
操作、维护和修理作业时遵守相关的规定吗？			
电气设备或机电一体化设备有接地吗？			
手动工具有接地或双重绝缘吗？			
接线盒是封闭的吗？			
是否有延长线从通道中伸出，被过往的车辆碾压？			
是否用固定线路代替临时拉线？			

表 2-29　工具和设备类排查表

检查人：	日期：		
意见标注：（○）合格，（×）需要整改	位置	条件	意见
是否保存工具和设备的使用手册，并按照上面的要求去做？			
电动工具符合标准吗？			
采购的工具尺寸、质量、人机工程适合员工使用吗？			
有缺陷的工具是否被标记并作为定期维护计划的一部分退出服役？			
工具和设备使用是否避免了电击事故？			
是否就工具和设备安全使用内容进行培训？			

表 2-30　有限空间类排查表

检查人：	日期：		
意见标注：（○）合格，（×）需要整改	位置	条件	意见
是否对有限空间作业流程和安全事项相关内容进行了培训，员工是否遵守？			
进入和退出流程是适合的？			
应急和逃生流程是否张贴在适合的位置？			

表 2-31　5S 类排查表

检查人：	日期：		
意见标注：（○）合格，（×）需要整改	位置	条件	意见
工作场地是否干净、有序？			
地面有没有突出的钉子、碎片、洞和松垮的木板？			
人行通道和物流通道上是否有障碍物？			
固定的过道和通道有清楚的标记吗？			
露天坑、空罐和沟渠周围是否有防护罩或护栏？			

表 2-32　地面和天井类排查表

检查人：	日期：		
意见标注：（○）合格，（×）需要整改	位置	条件	意见
梯子和门的开口有栏杆防护吗？			
临时的地板开口有标准的栏杆吗？还是有人一直在站岗？			

表 2-33 台阶、楼梯和高空平台类排查表

检查人：	日期：		
意见标注：（○）合格，（×）需要整改	位置	条件	意见
台阶和扶手技术状态是否良好？			
楼梯是否有缺失？			
楼梯是否结实、牢固？			
升降平台是否牢固？平台上是否装有栏杆？			

表 2-34 电梯类排查表

检查人：	日期：		
意见标注：（○）合格，（×）需要整改	位置	条件	意见
是否在装载量允许的范围内使用？			
装载量标贴是否贴在设备上？			
是否定期检查、测试和维修？			
是“防呆”类型的控件吗？			
操作培训？			

表 2-35 噪声类排查表

检查人：	日期：		
意见标注：（○）合格，（×）需要整改	位置	条件	意见
是否给予噪声测试方法指导？			
提供了听力保护设备并能正确使用？			

表 2-36 临时建筑类排查表

检查人：	日期：		
意见标注：（○）合格，（×）需要整改	位置	条件	意见
临时工作构筑物是否只在永久性构筑物不合理，不可行时才使用？			
挖掘工作是否有适当的支撑，边缘没有大型物体（岩石等）？			

表 2-37 工厂办公设施和生活设施类排查表

检查人：	日期：		
意见标注：（○）合格，（×）需要整改	位置	条件	意见
设施是否保持清洁卫生？			
设施维修是否良好？			
饭堂是否远离危化品？			
是否提供洗手设备（特别是在洗手间和餐厅内）？			

表 2-38　医疗救治类排查表

检查人：	日期：		
意见标注：（○）合格，（×）需要整改	位置	条件	意见
是否所有员工都知道如何在需要时获得急救救助？			
急救人员是否知道什么时间，哪家医院可以接收受伤人员？			
是否每一班都有一个受过专门训练的员工上班？			
是否按照辖区的急救规定提供急救箱？			
是否在使用时补充急救用品？			

表 2-39　个人防护用品类排查表

检查人：	日期：		
意见标注：（○）合格，（×）需要整改	位置	条件	意见
供给、维护和使用有明确的要求吗？			
个人防护用品是否能针对现场存在的风险？			
个人防护用品是否可靠？			
只有消除危险、控制危化品或通过工艺不能奏效时才使用个人防护用品吗？			
是否通过标识可以明显地知道个人防护设备使用的区域？			

表 2-40　物料堆放类排查表

检查人：	日期：		
意见标注：（○）合格，（×）需要整改	位置	条件	意见
设备距离门和过道是否留出了安全空间？			
物料堆放是否稳定和牢靠？			
储存区域是否有倾倒危险？			
是否只有受过培训和持证人员才能开铲车？			
蓄电池充电是否在指定区域？			
从码头到货车或从码头到轨道车是否使用卸货板装卸？			
铁路道旁是否有必要的警示装置和标志？			
是否张贴了批准用于搁架、地板和屋顶的最大负载的规范？			
机架和平台是否只能在其容量范围内装载？			
吊链、绳索和吊索是否适合于吊装货物并做相应的标记？			
吊带在使用前是否每日检查？			
是否所有新的、修理过的或翻新过的合金钢链吊索在使用前都经过了检验？			
托盘和滑板的类型和检验是否正确？			
工作人员是否使用正确的起重技术？			
集装箱的大小和状况是否对工人有害？			
升降机、举升机、传送带、打包机等是否有适当的信号及方向警告标志？			

表 2-41 危险品/化学品储存类排查表

检查人：	日期：		
意见标注：（○）合格，（×）需要整改	位置	条件	意见
在搬运、移动或储存产品之前，是否对安全数据表（SDS）进行了审核？			
是否使用了合适该产品的 PPE？			
是否组织了存储区域和产品规划以将不兼容的产品分开？			
危化品是否远离热源？			
是否进行了容器开裂和泄露检查？			
容器是否储存在滴水盘中？			
所有危化品是否都贴标签，损坏的和遗失的标签有没有立即更换？			
溢油时是否立即可用清理材料？			
可燃产品的连接和接地是否立即可用？			
储存区域的通风是否适合被储存产品？			

2.6 劳动防护用品

劳动防护是指供给个人防备一种或多种损害健康或安全危险而穿着或持有的工具和器具。劳动防护用品是一种必要的安全措施，但是劳动防护不可以取代其他的安全措施。常见的个人劳动防护用品如图 2-30 所示。

新能源汽车由于采用了直流高压电源，对于维修作业的个人防护用品提出了新的要求，如图 2-31 所示，主要是绝缘工具和一些应急救援的个人防护用品。

图 2-30 常见的个人劳动防护用品

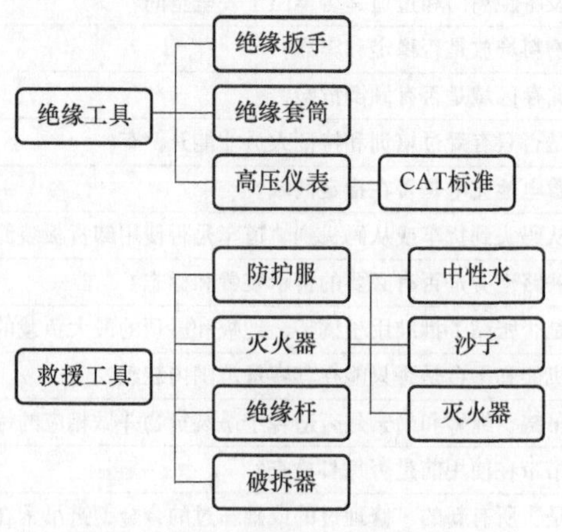

图 2-31 新能源汽车维修作业需要增加的劳动防护用品

作业人员需要学会识别合格的个人防护用品，并掌握其维护和检查的要领。劳动防护用品的使用和管理如图 2-32 所示，国家标准对个人防护用品的分类如图 2-33 所示。

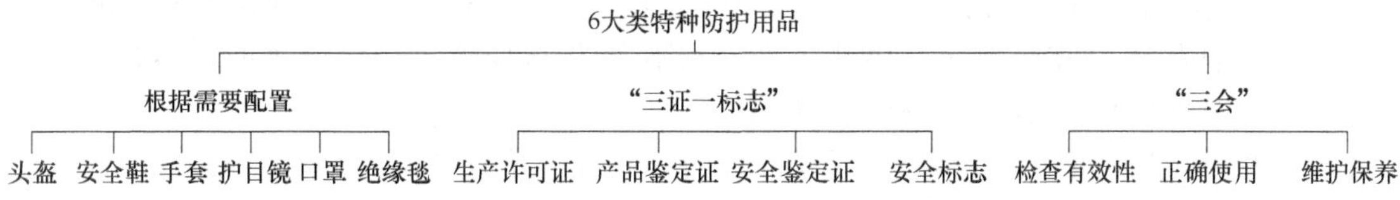

图 2-32　劳动防护用品的使用和管理

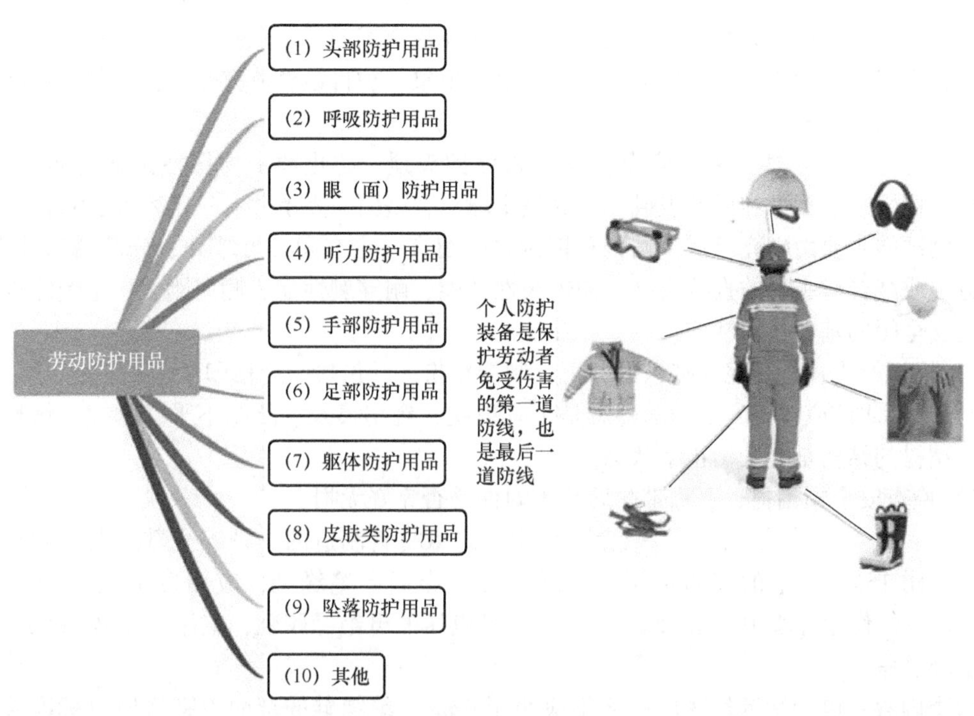

图 2-33　国家标准对个人防护用品分类

能力提升训练

2.7　劳动防护用品质量检查

1. 任务准备

工具设备：绝缘手套、护目镜、安全帽、绝缘鞋。

2. 实施步骤

（1）绝缘手套有效性的检查　绝缘手套主要用于电工作业，具有保护手或人体的作用，可防触电，防水、耐酸碱、防化、防油。

1）标识检查。手套上必须有明显且持久的标记，内容包括：标记符号；使用电压等级/类别；制造单位或商标；制造年份、月份；规格型号、尺寸；周期试验日期栏；检验合格印章；贴有经试验单位定期试验的合格证。

2）充气检查。由于橡胶老化会形成细小的裂痕，所以用绝缘手套检漏仪或卷压进行检查时，充气法检查时充气要足，要使手套充分膨胀甚至变形。充气检查时，通过“看”“听”和“触觉”来判断绝缘手套有无损伤。

3）表面检查。正、反面检查绝缘手套，特别是逐个检查指尖和指间有无刺穿和划伤，检查老化的裂痕深度会不会影响作业安全。

（2）护目镜（防护眼镜）有效性的检查　防护眼镜就是一种滤光镜，可以改变透过的光强和光谱。避免辐射光对眼睛造成伤害最有效和最常用的方法是佩戴防护眼镜。

检查内容：镜片明亮、无破损、卡带无松弛现象，护目镜整体完好无损、符合标准产品要求。

（3）安全帽有效性检查　安全帽是用来保护头顶，防止冲击物伤害头部的防护用品。由帽壳、帽衬、下颊带和后箍组成。帽壳呈半球形，坚固、光滑并有一定弹性，打击物的冲击和穿刺动能主要由帽壳承受。帽壳和帽衬之间留有一定空间，可缓冲、分散瞬时冲击力，从而避免或减轻对头部的直接伤害。冲击吸性性能、耐穿刺性能、侧向刚性、电绝缘性、阻燃性是安全帽的基本技术性能。

1）标识检查：有明显且持久的标记，制造年份、月份检验合格印章等。

2）使用之前应检查安全帽的外观是否有裂纹、碰伤痕及、凸凹不平、磨损，帽衬是否完整，帽衬的结构是否处于正常状态。

3）检查安全帽帽衬、下颚带、后箍等附件是否完好无损。

（4）绝缘鞋有效性的检查　绝缘鞋是使用绝缘材料制造的一种安全鞋。电绝缘鞋的适用范围：耐 15kV 以下的实验电压电绝缘皮鞋和布面电绝缘鞋，应用在工频（50 ~ 60F）1000V 以下的作业环境中，耐 15kV 以上的试验电压的电绝缘胶鞋，应用于工频 1000V 以上的作业环境中。

检查内容：电绝缘鞋外底的厚度不应小于 6mm；绝缘鞋的鞋面或鞋底应有标准号、绝缘字样及电压数值。

2.8　新能源营运车辆安全隐患排查参考表

最近几年新能源汽车营运车辆的着火事故频发，作业人员需要掌握新能源汽车着火事故隐患的排查方法。2019 年工信部下发的新能源汽车隐患排查标准见表 2-42。

表 2-42　新能源汽车安全隐患排查参考表

序号	类别	作业项目	检验方法	判定标准
1	外观检查	1. 异味检查	鼻嗅	电箱周围无刺激和烧焦等异味
		2. 箱体外部线束/接插件检查	目测	箱体外高/低压线束无磨损，插座/插头无破损
		3. 箱体与车架螺栓紧固	目测	复检螺栓力矩，力矩满足质量要求标准
		4. 蓄电池下箱体外侧清洁	目检	下箱体底部 PVC 涂层完好 无变形、无腐蚀 清除箱体灰尘，确保清洁度良好 箱体无划痕，无破损

（续）

序号	类别	作业项目	检验方法	判定标准
1	外观检查	5. 维护开关检查（MSD）	目检	维护开关无变形，划痕，开关内部洁净，无污物
		6. 检查水冷管进/出水口	目检	检查水冷管软管与硬管连接处是否有漏液 检查水冷管进/出水口是否有变形
		7. 蓄电池箱体上箱盖检查	目检	无裂纹、无鼓包 平衡阀牢固，外观良好 清洁度良好
		8. 整车的高压线束系统	目检	线束外观良好，无磨损和老化；接插件无松脱，无异常变色发黑现象
2	软件诊断（隐含）	9. 读取最高单体温度	软件诊断	静态的最高单体温度应符合产品技术条件
		10. 读取蓄电池温差范围	软件诊断	静态的蓄电池温差应符合产品技术条件
		11. 读取蓄电池压差范围	软件诊断	静态压差应在许可范围内
		12. 读取蓄电池包总电压	软件诊断	总电压应符合产品技术条件
		13. 实测系统绝缘阻抗	软件诊断	1）诊断工具/整车仪表盘有无绝缘报警 2）绝缘阻值≥1MΩ（关闭 BMU 绝缘检测功能，分别测试正/负极对地阻抗）
		14. 读取系统报警情况	软件诊断	UDS 诊断无当前故障
		15. 读取进水口温度	软件诊断	温度为 0～60℃
		16. 读取出水口温度	软件诊断	温度为 0～60℃
		17. 确认软件版本	软件诊断	判断是否为最新版本
3	气密性检测	18. 气密性测试	开箱后修复的检测箱体气密性	箱体气密性达标
4	开箱检查及换件	19. 更换密封圈	零部件更换	N/A
		20. 检查上盖内侧是否存在冷凝水	目检	上盖内侧外观良好、无冷凝水
		21. 检查箱内是否存在冷凝水	目检	检查上箱盖内侧是否有冷凝水 检查模组上层、侧板是否有冷凝水 检测箱体四周是否有冷凝水
		22. 检查箱内低压线束外观及接插件连接情况	目检	线束外观良好，无磨损和老化，接插件无松脱
		23. 检查箱内高压线束（含铜巴）	目检	线束绝缘皮无磨损，铜巴无异常变色发黑现象
		24. 高压铜巴螺栓紧固力矩检查	工具检测	螺栓画线无位移 检测螺栓残余扭力并记录 将螺栓紧固至出厂质量要求力矩
		25. 检查水冷板外观	目检	1）水冷管软/硬管连接良好 2）水冷板无变形
		26. 检查箱体清洁度	目检	内部清洁度良好、无残余杂质

项目三 汽车维修作业安全防护

学习要求

➢ 知识要求

- 了解使用举升机、千斤顶、吊装设备、蓄电池包举升设备进行维修作业时的常见安全事故的种类和发生原因。

➢ 技能要求

- 能正确进行动力蓄电池包举升设备的使用和相关的安全操作。
- 能正确进行举升机、千斤顶的使用和相关的安全操作。

相关知识学习

3.1 举升设备使用安全及伤害类型

汽车举升或抬高是汽车维修作业中最常见的作业，举升作业设备有举升机、千斤顶、发动机或蓄电池包等总成的吊装设备。因为汽车车体或要拆卸的总成的质量大，一旦被举升后就会形成很大的势能，意外落下后会导致作业人员的身体伤害。

1. 举升机举升作业

（1）设置阶段　此阶段主要事故是作业人员 A 操作举升臂和调整垫块时，作业人员 B 不小心操作了举升键，导致了挤压、物体打击类的伤害。还有驶入车辆控制不好，对人的冲撞导致的车辆伤害。

（2）举升阶段　此阶段主要事故是车辆在举升时坠落对人体产生伤害，举升过程中对人的刮碰导致的机械伤害（图 3-1）。

（3）高空停止阶段　此阶段主要事故是拆装零部件时导致的举升机平衡被破坏或者举升机的故障，导致车辆突然下降或坠落导致的机械伤害（图 3-2）。

（4）下降阶段　此阶段主要事故是在车辆下方和两侧人员被挤压和碰擦导致的机械伤害。

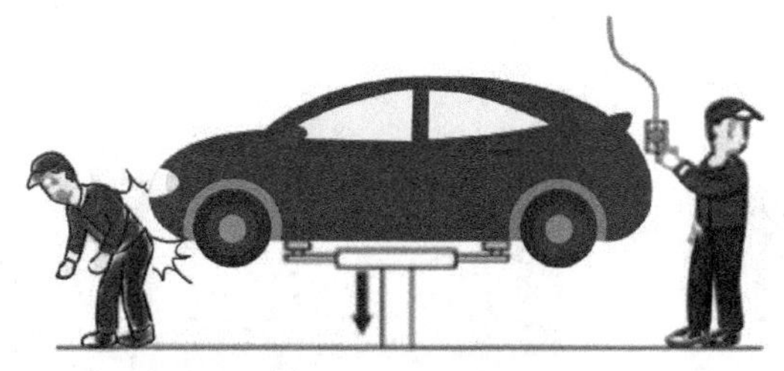

图 3-1 举升时刮碰到其他作业人员

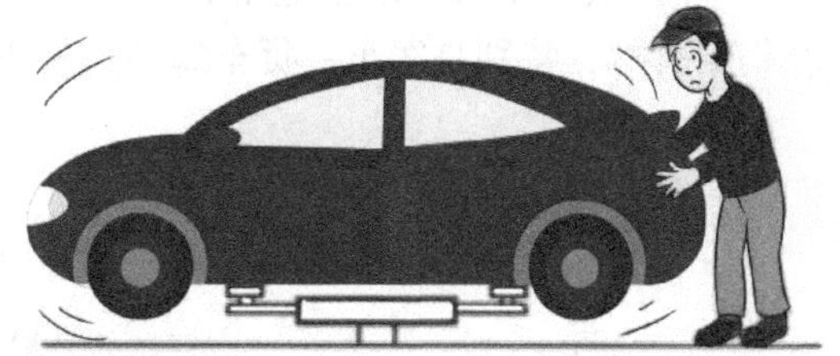

图 3-2 车辆举升后禁止对车辆摇摆和晃动

2. 千斤顶顶高作业

修理厂使用的千斤顶的类型较多，有液压式的，也有机械式的，最近出现了电液式的。千斤顶主要用于临时抬高车辆的一端，车辆被抬高后很难平衡，车辆的姿态也不稳定，所以要注意以下事项（图 3-3 ~ 图 3-6）：

1）禁止将千斤顶支撑在坑坑洼洼的路面和柔软的路面上。

2）禁止在使用千斤顶支撑车辆时钻到汽车下面作业。

3）千斤顶抬高车辆后应使用骑马凳进行保护。

4）千斤顶与举升机混用。

5）千斤顶支撑点应为车身受力点。

图 3-3 没有骑马凳保护

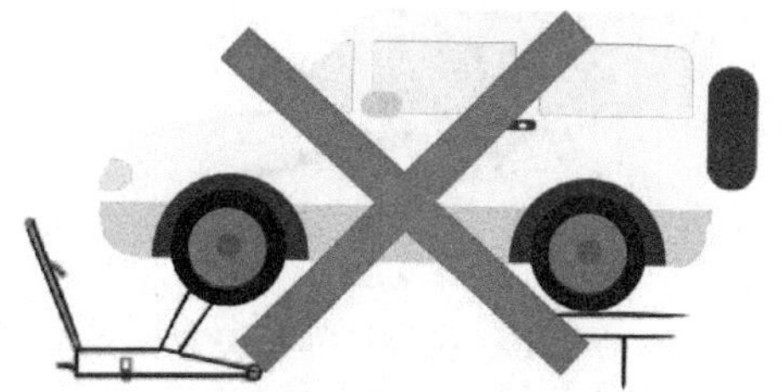

图 3-4 与其他举升设备共同支撑车辆

图 3-5 支撑受力点不对

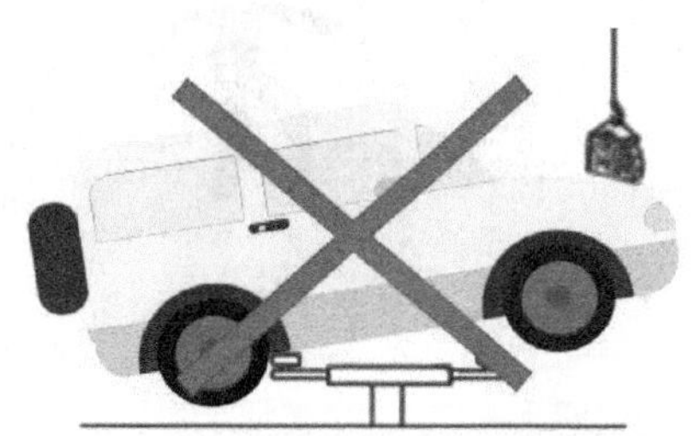

图 3-6 吊起的变速器落在车身上破坏车身的平衡

3. 更换轮胎作业

轮胎拆卸是轮胎维护、制动系统维护和快修经常发生的作业项目，修理厂几乎每天都会发生这样的作业。作业时主要注意以下问题（图 3-7 ~ 图 3-9）：

1）下降车辆时一定要环绕车辆一周巡视，确保无误后才可以放下千斤顶。

2）千斤顶的控制臂不能伸出，避免绊倒他人。

3）机械千斤顶的支撑台的缺口一定要卡在汽车边梁的突出位上，以确保不会滑倒。

4）轮胎放置要么平放在地面上，要么放在轮胎架上，不可以斜靠在墙上。一旦轮胎滑倒会伤到脚踝，特别是客车、货车那种大型轮胎。

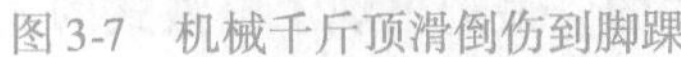

图 3-7 机械千斤顶滑倒伤到脚踝

图 3-8 轮胎滑倒伤到脚踝

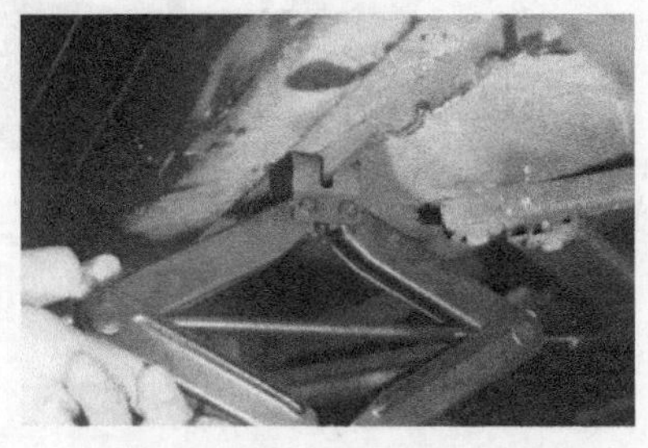

图 3-9 更换轮胎时，千斤顶要卡到位

4. 吊装作业

对于汽车上比较重的总成，为了避免维修人员拉伤，通常采用液压举升架或吊装设备进行装卸（图 3-10、图 3-11）。在吊装过程中，重物固定、设备的故障、吊装物体的摆动与人员的接触、与车辆的接触是触发事故的主要原因，如图 3-12 ~ 图 3-15 所示。

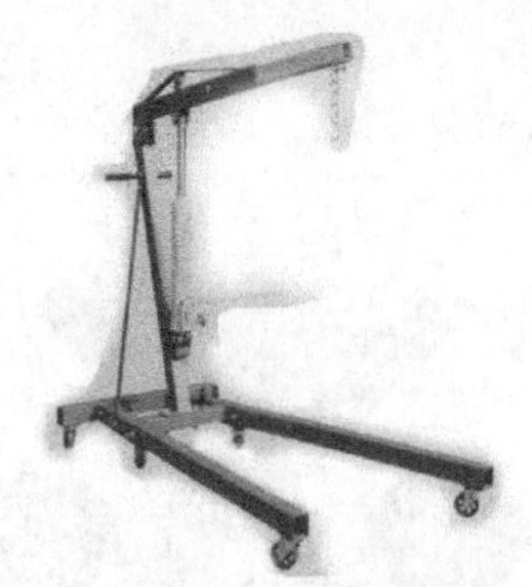

图 3-10 折叠式吊机小行吊

图 3-11 起吊设备（小行吊）

图 3-12 举升的重物脱落砸伤

图 3-13 与车辆擦碰导致车辆平衡破坏

图 3-14 吊起的重物在空中摆动

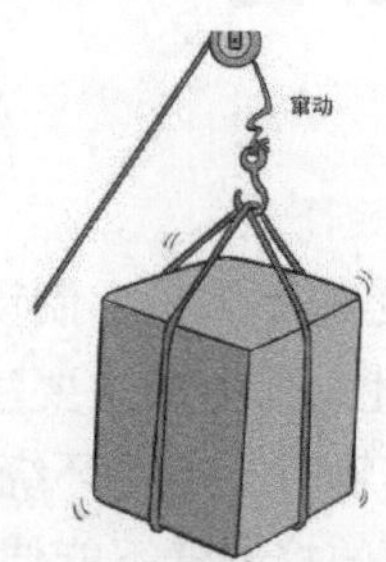

图 3-15 吊起的重物上下窜动

5. 蓄电池包举升作业

新能源汽车蓄电池包的质量一般大于200kg，卸下和装回时必须借助举升设备（图3-16）。作业时，除了要注意上述内容外，还要加上垫木（图3-17）、选择正确的支撑点。固定点选择不正确时，可能会导致蓄电池包外壳变形，从而导致蓄电池包内部的电芯变形和电芯间的短路，会导致触电和着火事故。

拆装时先托举，然后松掉固定螺栓（图3-18），用举升台把蓄电池包移至蓄电池包维修工位，再把蓄电池包吊装到蓄电池包维修工作台上（图3-19）。

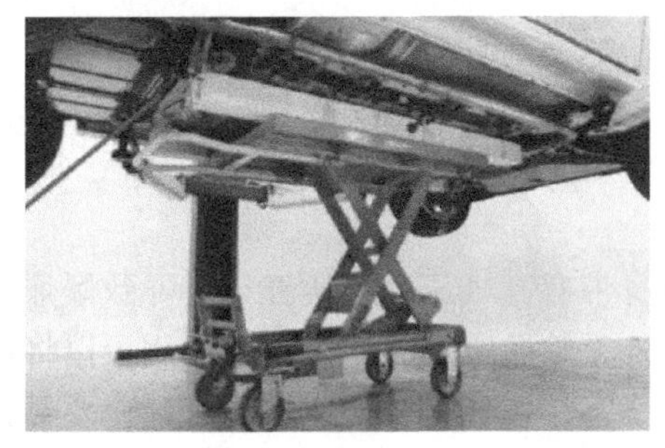

图3-16　蓄电池包举升设备

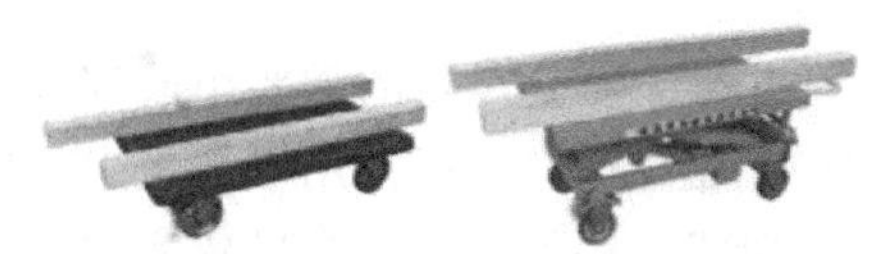

图3-17　在蓄电池包与举升机接触面上要加上垫木

图3-18　蓄电池包的支撑点

图3-19　蓄电池包的吊装

3.2　维修作业时对穿戴工装的要求

进行维修作业时要求：穿着工装，不能“穿金带银”，首饰、项链、手链、手表等不允许佩戴，尤其是维修新能源汽车时。

着装不正确（图3-20）、在作业时未佩戴安全帽（图3-21），易造成伤害发生；地坑作业时不能直接跳入地坑（图3-22），易造成人身伤害。

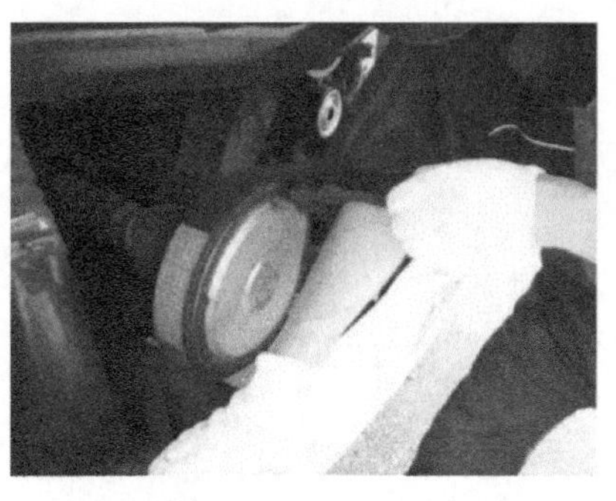

图3-20　袖子过长，绞入发电机传动带

图 3-21 在地坑车下作业时没有戴安全帽

图 3-22 下地坑时要走台阶，不能直接跳下去

3.3 使用轮胎维修设备安全注意事项

轮胎是整个车辆承重的重要组成部分，轮胎自身带有高气压，过压充气会导致爆炸，充气过程中轮胎附件在高压作用下会飞出来伤人；另外，轮胎维修时通常都要使用可以将轮胎旋转的扒胎机、动平衡机也会导致物体打击，挤压伤害。作业人员应掌握安全操作要领，避免发生事故伤害。

注意事项：

1）不能用手触摸旋转的部件（图 3-23）。

2）扒胎时防止夹伤（图 3-24）。

3）旋转的设备使用完毕后及时关闭电源开关（图 3-25）。

4）动平衡作业时佩戴防护眼镜并将防护安全罩放置到位，防止轮胎凹槽内的异物飞出对人身造成伤害（图 3-26）。

5）轮胎充气时要有安全防护，防止过充气导致爆炸事故发生（图 3-27、图 3-28）。

图 3-23 不能用手触摸旋转的部件

图 3-24 扒胎时防止夹伤

图 3-25 动平衡空轮时缠绕过大的衣物

图 3-26 动平衡时轮胎凹槽内的异物飞出

图 3-27　轮胎充气时要有安全防护

图 3-28　轮胎爆炸弹起，导致面部打击受伤

3.4　打磨作业安全注意事项

打磨作业是维修作业中常用的维修工艺，由于打磨设备使用电源或高压气体，打磨设备又是高速旋转物体，所以作业人员需要正确地选用打磨设备，在使用之前检查设备，穿戴个人防护用品，进行正确的操作，避免造成事故伤害。

打磨作业（图 3-29）是一种比较危险的作业，主要伤害为切下来的金属屑伤人、摩擦片破碎伤人以及触电伤害。

在打磨/切割金属或片状模塑件时，焊弧或电镀（氧化锌）金属会产生毒烟，为避免该毒烟导致人身伤害，必须在通风良好的区域作业，并戴上呼吸器、护目镜、耳塞、焊工手套和穿上防护服（图 3-30）。

安全口诀：有轴必有套，有轮必有罩。套就是安全套，罩就是安全罩（图 3-31）。

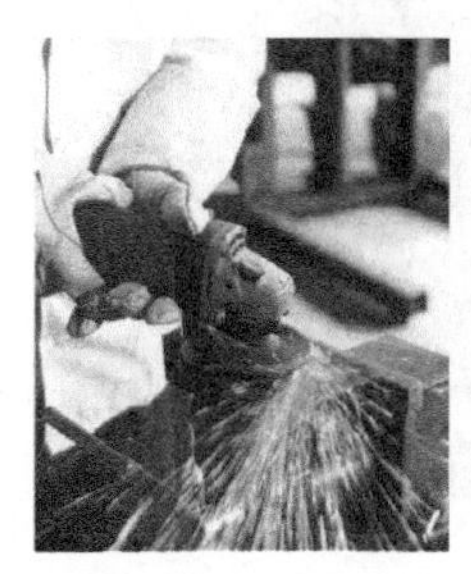

图 3-29　打磨作业

图 3-30　作业时穿戴个人防护设备

图 3-31　砂轮机上的安全罩

3.5　钻孔作业安全注意事项

镗、磨、刨、铣、钻、研、铰是汽车维修过程中的常见工艺，其中镗缸、磨曲轴、磨制动盘、钻孔都会有高速旋转的部件，下面以钻孔作业（图 3-32）为例介绍这类设备的常见事故类型以及安全操作要领。

注意事项：钻孔作业时，主要的伤害类型是铁屑飞出伤到眼睛，钻头折断伤人和手套被钻头绞入；一定佩戴防护镜，钻床上要有防护罩，不能用手触摸钻头。

图 3-32 钻孔作业

3.6 洗车作业安全注意事项

洗车是汽车维护最常见的作业，其作业技术并不复杂，但是洗车的设备自身是带电的，有的设备内装有高温液体，洗车用水还有一定压力，触电、灼伤、挤压是洗车作业中常见的事故类型。

洗车作业的注意事项：

1）用高温洗车机洗车时，若没有佩戴防护手套，手接触洗车枪金属管时会被烫伤（图 3-33）。

2）在自动洗车（图 3-34）过程中，驾驶人下车会被车辆碰撞。

图 3-33 高温洗车时被烫伤

图 3-34 自动洗车

3.7 地沟作业安全注意事项

在地沟内作业时会发生跌落、滑倒、坠落物体打击、尾气中毒等安全事故。

地沟作业的注意事项：

1）由于地沟空间有限，卸下的重的总成脱手后会把人砸伤，作业人员需佩戴安全帽（图 3-35）。

2）地沟作业时，地沟地面不能有油迹或杂物，以免作业人员滑倒或绊倒（图 3-36）。

3）地沟中会聚积尾气，所以试车时地沟中不能有人逗留（图 3-37）。

4）地沟在不使用时，应加盖或有警告警示牌，以免人员跌入地沟内造成伤害（图3-38）。

图3-35　佩戴安全帽

图3-36　地沟地面不能有油迹

图3-37　地沟下会聚积尾气

图3-38　地沟要加盖或者有警告牌

3.8　重型货车修理作业安全注意事项

重型货车尺寸大，在维修时通常需要两人或两人以上配合操作，而且作业时很难看到对方的操作；另外，货车的其零部件和总成质量大、零件部重，一旦跌落会导致操作人员的骨折甚至死亡。

重型货车修理作业的注意事项：

1）维修时，通常需要两人或多人的配合操作，在作业过程中及时沟通，防止意外伤害（图3-39、图3-40）。

图3-39　团队作业，多人配合

2）重型零部件抬装时，要使用吊装工具吊上、吊下，避免人工吊下时拉伤（图3-41）。

3）重型车辆的驾驶室是可以反转的（图3-42），应使用驾驶室正确的固定方式（图3-43）。

4）翻斗驾驶室一定要固定牢靠，上好锁后开始作业（图3-44），不能在驾驶室没有固定时检查发动机（图3-45）。

5）维修自卸货车（图3-46）时，不能在无防护的车厢下作业（图3-47），自卸车厢举起时需加保护支架（图3-48）。

6）敲打大型零部件时，需要做好眼部防护（图3-49）；拆装弹簧时，做好个人防护，防止弹簧弹出伤人（图3-50）。

7）在车间内车辆移动时需要专人指挥（图3-51），指挥倒车时，指挥人员不能站在汽车行驶路线上（图3-52）。

图 3-40 需要相互配合而不是互相伤害

图 3-41 工程车辆的总成重量大，要使用吊装工具吊上吊下，避免人工吊下时拉伤

图 3-42 重型车辆的驾驶室是可以反转的

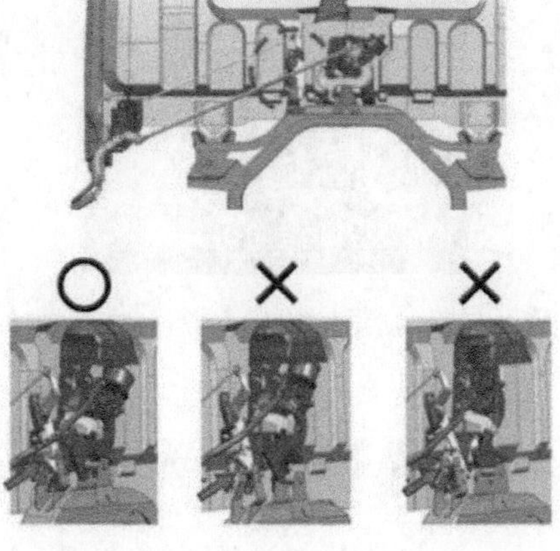

图 3-43 驾驶室正确的固定方式

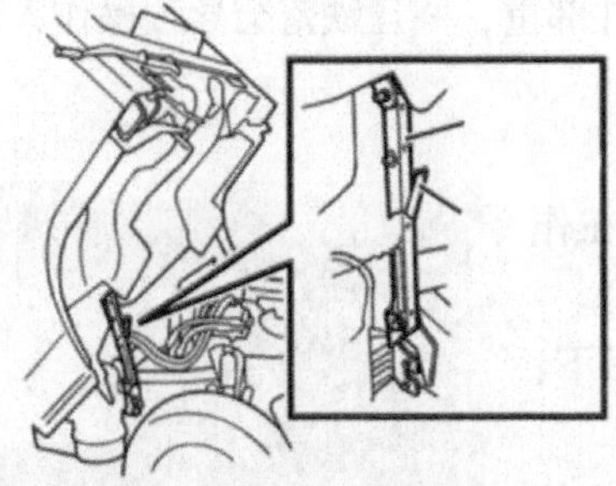

图 3-44 翻斗驾驶室一定要固定牢靠，上好锁后开始作业

图 3-45 不能在驾驶室没有固定时检查发动机

图 3-46 自卸货车（翻斗车）

图 3-47 不能在无防护的车厢下作业

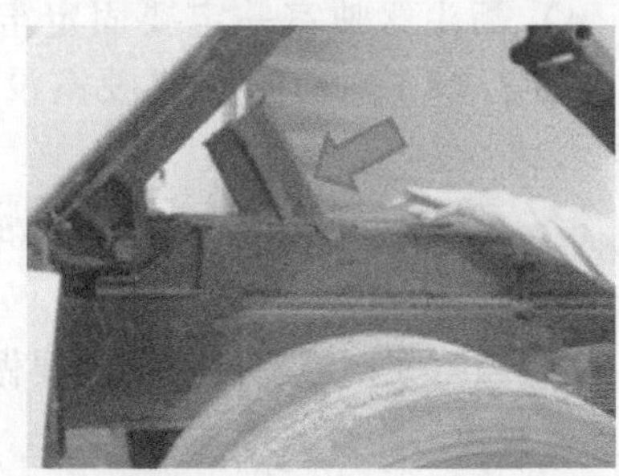

图 3-48 自卸车厢举起时需加保护支架

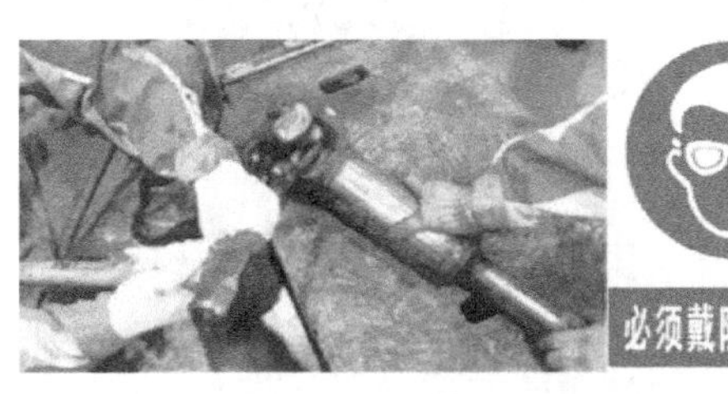

图 3-49　敲打大型零部件时，需要做好眼部防护

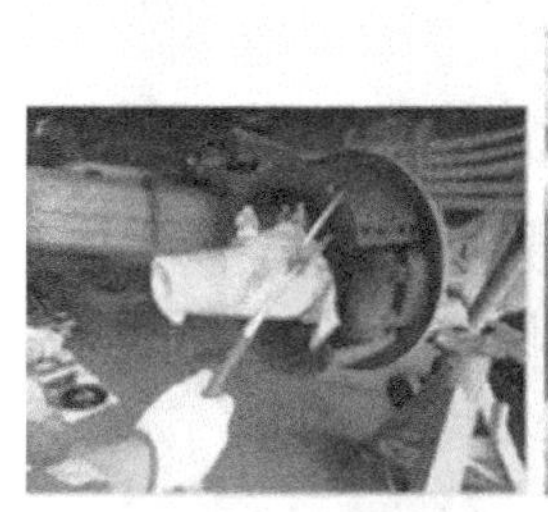

图 3-50　拆装弹簧时，做好个人防护，防止弹簧弹出伤人

图 3-51　在车间内车辆移动时需要专人指挥

图 3-52　指挥倒车时，指挥人员不能站在汽车行驶路线上

3.9　电工作业安全注意事项

维修中涉及电工作业越来越多，在传统汽车中电工作业安全主要是在具体元器件测试和更换时的一些安全问题，还有就是维修车间内交流电源的使用安全注意事项。新能源汽车车载电源的直流电压已经有 300～800V，如果作业时操作不当，将会导致触电身亡，而不仅仅是像传统汽车那样只是引起火灾。对于无人驾驶车辆来说，不正确的维修操作可能导致无人驾驶功能误动作，导致撞车事故。

1. 持证上岗

电工作业资格证（图 3-53）也称为电工上岗证，即特种作业人员操作证（电工）。它是从事电气设备安装、维修等工作必须持有的证件，是经过相关培训、考核合格和注册的证明。电工作业资格证分为高压和低压两种，作业电压高于 1000V 需要高压证，作业电压低于 1000V 需要低压证。

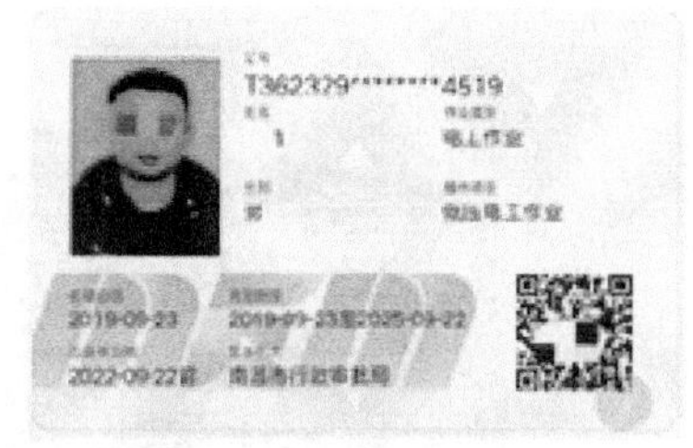

图 3-53　电工作业资格证

2. 低压配电和临时取电安全注意事项

在配电箱内操作时，要做好个人绝缘防护（图 3-54）。给新能源汽车充电时，要遵守安全规定（图 3-55）。

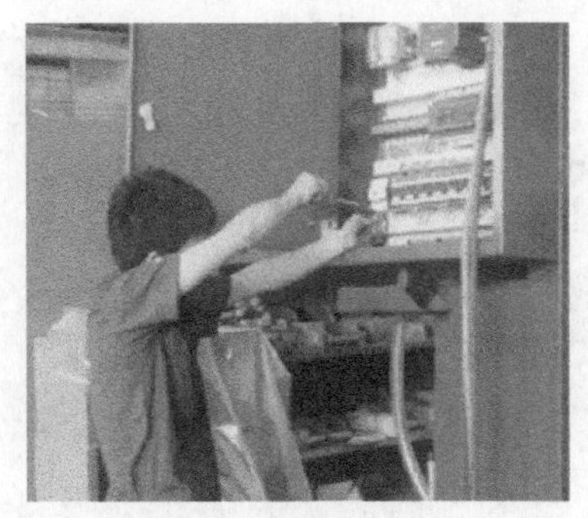

图 3-54 不能赤手去修配电箱

图 3-55 充电作业，要遵守安全规定

3. 电工作业的基本原则

新能源汽车上带有正、负母线，两个极性，两极都不接地，所以作业时不能两只手都接触高压元器件和高压电缆，避免电流流过身体，如图 3-56 所示。维修新能源汽车时，需要至少两个人一同作业，一个人操作，一个人保护，执行双人作业原则如图 3-57 所示。

图 3-56 单手作业原则，不能双手同时接触带电体

图 3-57 双人作业原则

4. 电池维护安全注意事项

辅助蓄电池馈电后，给辅助蓄电池充电时会释放氢气，此时周边应禁止火源，以防止发生火灾事故（如图 3-58）。

临时用电时，不能随便接线、拉线，应取得相关手续后才能按照规定接线用电（图 3-59）。

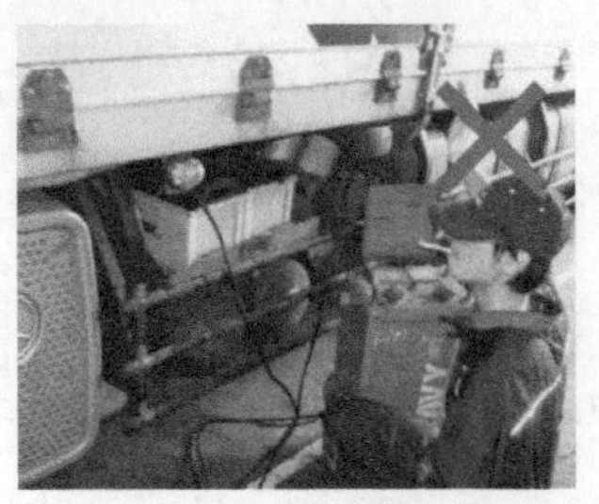

图 3-58 辅助蓄电池充电时会释放氢气，周边禁止火源

图 3-59 不能随便拉线

5. 电气测量安全注意事项

在维修高压电源的车体上或高压用电设备设施测量时，仪表防护等级要大于 CATIII（图 3-60），避免因仪表等级不合格而造成短路、触电事故发生；同时，在车辆上测量气囊

模块电路、电器时不能触发气囊爆炸（图3-61）。

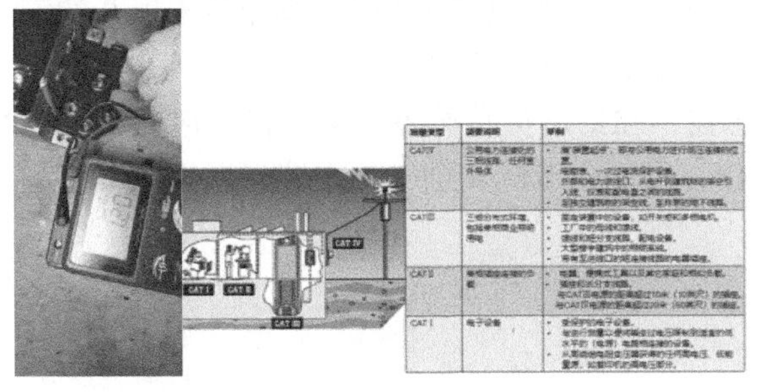

图3-60　在高压电源的车体上测量，仪表防护等级要大于CATIII

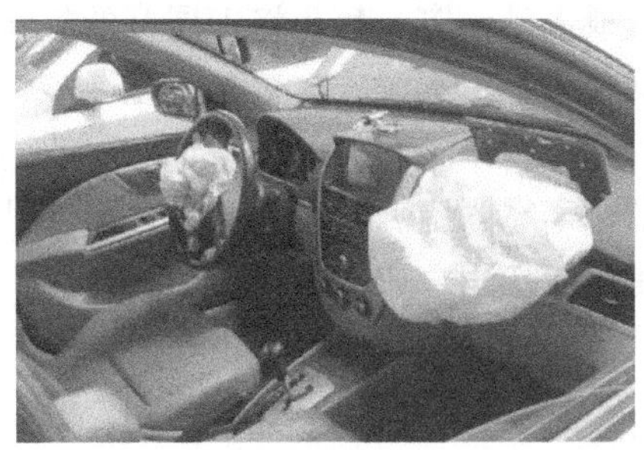

图3-61　测量时注意不能触发气囊爆炸

6. 有关卤素灯泡的警告

警告：卤素灯泡内含高压气体，处理不当会使灯泡爆炸成玻璃碎片。为避免人身伤害应注意以下事项：

1）在更换灯泡前，关闭照明灯开关并使灯泡冷却。

2）保持照明灯开关关闭，直到换完灯泡。

3）更换卤素灯泡时，务必戴上护目镜。

4）拿灯泡时，只能拿住灯座，避免接触玻璃。

5）灯泡要避免沾灰尘和湿气。

6）正确报废旧灯泡。

7）卤素灯泡要远离儿童。

7. 安全气囊操作

如果不遵循正确的安全气囊操作程序会导致安全气囊展开、预紧器点爆、人员受伤、不必要的安全气囊系统维修。作业人员应遵守以下准则，以免出现上述状况：

1）参见安全气囊系统部件视图，确定是否正在安全气囊系统部件、周围或其电路上进行维修操作。

2）如果正在安全气囊系统部件、周围或其电路上进行维修操作，应先解除安全气囊系统。

3）展开后的安全气囊系统部件的金属表面可能会很烫，为了避免灼伤和人身伤害应该在触摸安全气囊系统部件的任何金属表面之前，要有足够的冷却时间；切勿将已充气的安全气囊系统部件放在易燃物旁边。

4）时钟弹簧总成的不正确安装会损坏时钟弹簧内部螺旋线圈，可能会造成线圈故障，导致气囊模块不能正常工作，从而造成人员伤害。

5）为了防止安全气囊意外展开，造成人身伤害，不得将未展开的气囊模块按常规车间废弃物进行处置。

6）如果在报废过程中密封容器损坏，未展开的模块所含的一些物质可能会导致严重疾病或人身伤害。应利用展开程序，安全报废未展开的气囊模块。

7）运输未展开的气囊模块时，不得拎提气囊模块上的导线或连接器进行搬运；确保气囊开口不是朝向人。

8）存放未展开的气囊模块时，确保气囊开口不是朝向放置气囊模块的表面。气囊开口

不能朝下，禁止在气囊模块上放置任何物体，气囊周围应有足够的空间供气囊意外展开，否则会造成人员伤害。禁止将未展开的气囊模块浸入水中或接触其他液体。禁止将未展开的安全气囊模块临近火源或放置在高温区域，防止气囊意外展开伤害人员。

9）切勿撞击或摇晃安全气囊系统碰撞传感器，在给碰撞传感器加电之前，应确保碰撞传感器已牢靠固定。不遵守正确的安装程序操作，可能会造成安全气囊系统误爆或在本应起爆时不产生作用，造成人员伤害。

3.10 焊接和切割作业安全注意事项

在车身修复时常用到焊接和切割工具，金属焊接和切割作业是汽车维修作业内需要持证上岗的作业之一。

由于电焊作业是利用电能源，同时电焊电弧在燃烧过程中产生高温和弧光，焊条药皮在高温下产生有害气体和烟尘，所有这些都造成电焊操作过程中产生不安全因素。在焊接作业中产生的有毒物质（毒气、粉尘）、弧光电热、火灾爆炸、触电构成电焊五大危害因素。

1. 持证上岗

金属焊接与切割作业属于运用焊接或者热切割方法对材料进行加工的作业，属于特种作业，因此需持有特种作业操作证才能上岗。

特种作业操作证如图 3-62 所示。

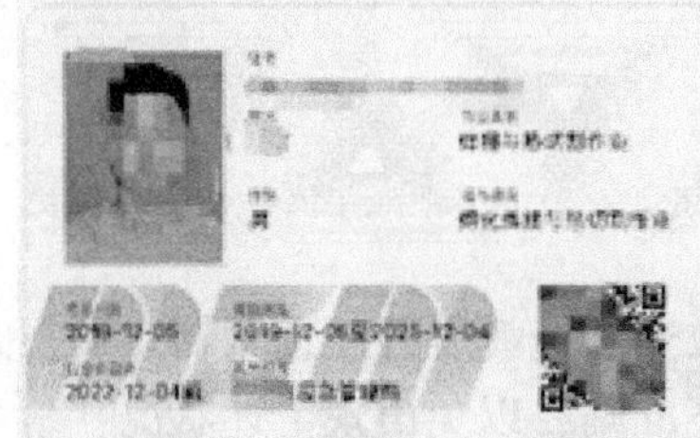

图 3-62　特种作业操作证

2. 焊接时的安全取电

焊接作业时，焊机不能直接在车辆上取电，会造成触电事故（图 3-63）。

新能源汽车需要进行焊接作业时，不允许在没有拆除动力蓄电池前进行直接焊接，易造成短路发生火灾或触电事故（图 3-64）。

图 3-63　焊机不能直接在车上取电

图 3-64　不允许在没有拆除动力蓄电池的新能源汽车上直接焊接

3. 安全防护

焊接和切割作业人员工作前要穿戴好合适的劳动防护用品，如防尘面罩、焊接手套、焊接工作服；操作时要戴好护目镜或面罩；在潮湿的地方或雨天作业时应穿上绝缘鞋。

针对特殊作业可以佩带长管呼吸器，以防止烟尘危害。要防止弧光伤害，则要根据电流强度选择不同型号的滤光镜片。穿上浅色帆布工作服，扎紧袖口，扣好领口，可减少其对皮肤的伤害。

如图3-65所示，焊接作业时，作业人员的个人防护用品，包括防尘面罩、焊接手套、焊接工作服、绝缘胶鞋等。

图3-65　作业时做好个人安全防护

3.11　涂装作业安全注意事项

汽车维修作业中使用危化品最多的作业是涂装作业，另外烤漆房属于密闭空间容易使作业人员中毒。在新能源汽车钣喷作业时还要特别注意对高压系统和蓄电池系统的保护，防止触电。

1. 设备及设备的整体维护检查

对涂装工位、干燥设备、加热设备，每年需进行1次以上的维护检查，检查结果记录在定期自检表中并保存3年。

2. 涂料的处理及其安全注意事项

涂料使用后要及时密封，防止产生的蒸气引起火灾、中毒等。特别是二液型聚氨酯树脂涂料的硬化剂以异氰酸酯化合物为主要成分，处理时要充分注意。

为了防止涂料、稀料等附着的废晶类在高温、多湿时自燃，常将其放入金属制的容器内并保存在安全的地方。

3. 场地严禁烟火，整理，整顿

涂装车间或工位应防止电焊产生的火花、香烟产生的火花、静电产生的火花和雷电火花等。作业区域内的清洁实施整理、整顿。

4. 个人安全防护

为了防止涂料从衣服中渗透，要穿戴上油漆服、帽子、手套，同时要戴防毒面具，如图3-66所示。

5. 新能源汽车钣喷时的安全注意事项

喷漆前须拆下动力蓄电池、高压线束、电机控制器等高压部件。若动力蓄电池暴露在温度较高的烤漆房内，会影响动力蓄电池的循环寿命，甚至引起动力蓄电池自燃。禁止在没有拆下蓄电池包、断开高压电路时，对车辆进行车身矫正、焊接或切割作业。

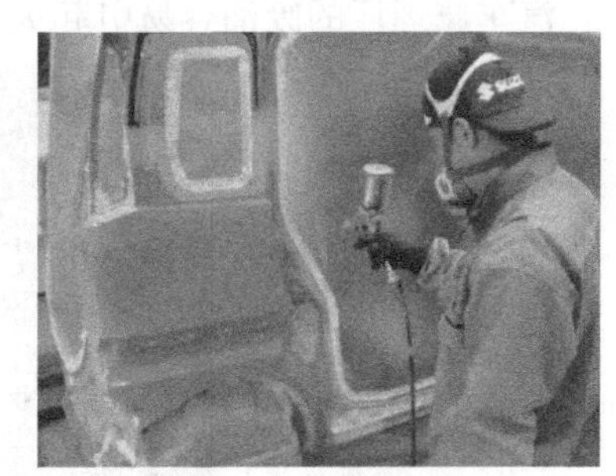

图3-66　喷漆作业需要穿着个人防护用品

3.12 车间现场 5S 管理

5S 指在生产现场对人员、机器、材料、方法等生产要素进行有效管理。良好的 5S 环境可以保障作业空间充裕，工作通道畅通，物料摆放有序，作业人员不会被绊倒、滑倒。

1. 5S 现场管理

5S 现场管理法是现代企业管理模式，5S 即整理（SEIRI）、整顿（SEITON）、清扫（SEISO）、清洁（SEIKETSU）、素养（SHITSUKE），又称为“五常法则”（图 3-67）。

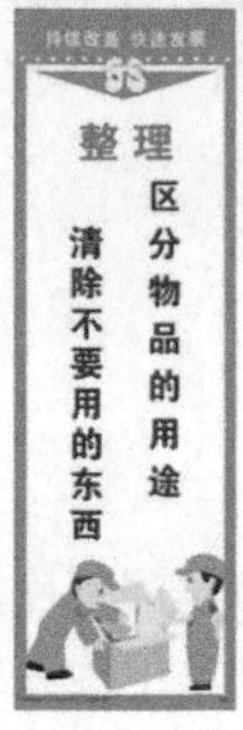

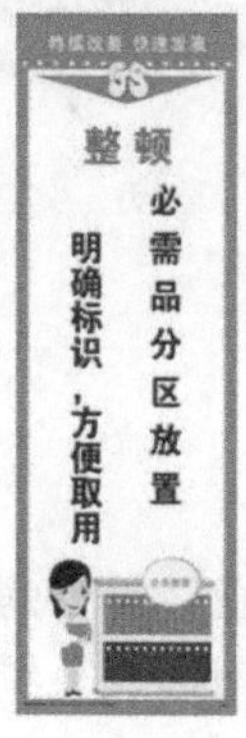

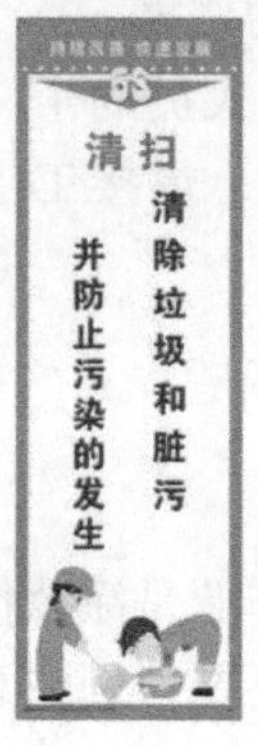

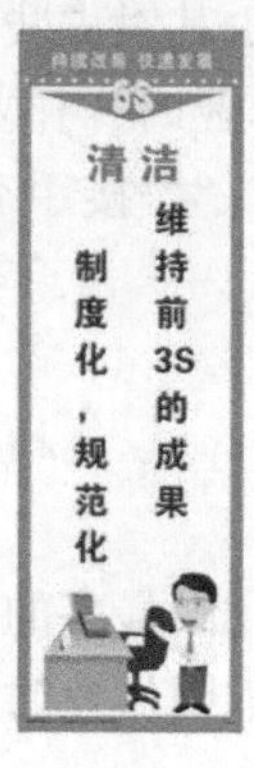

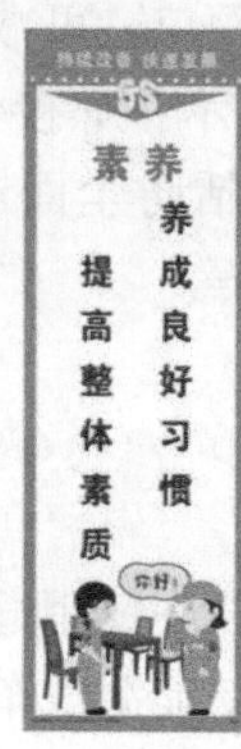

图 3-67 5S

汽车维修车间的维修工位现场管理如图 3-68 所示；物料摆放层数如图 3-69 所示。

图 3-68 地面整洁，避免绊倒和滑倒作业人员

图 3-69 物料摆放，使用货架，货架层数不能超过 4 层

2. 废油处理

汽车修理厂的废油容易引起火灾、污染环境，需要专门的收集和回收处理（图 3-70）。

图 3-70 工业废油回收

3. 废水处理

在使用过程中受到不同程度的污染，改变了原有的化学成分和物理性质的水称为污水或废水。污水包括雨水及冰雪融化水。

污水的分类（图3-71）：

1）生活污水，人们日常生活中产生的污水。

2）工业废水，工业生产中排出的废水。

3）降水，地面上流泄的雨水、冰雪融化水（冲洗街道及消防用水）。

生活污水和工业废水均属于城市污水，废水排放时要将雨水与工业废水分离。

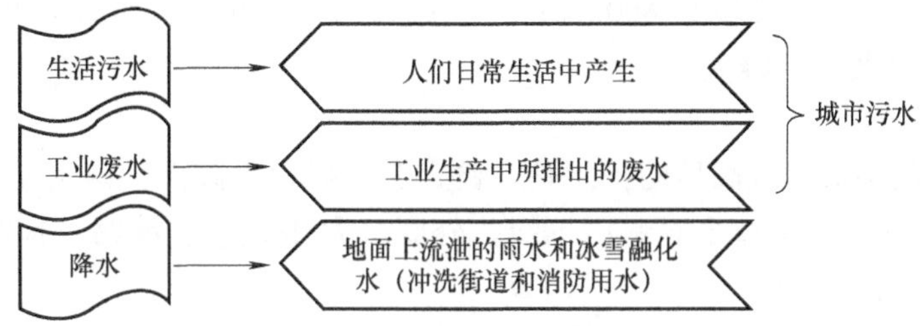

图3-71　污水分类

4. 危化品和易燃物品的储藏

危化品、易燃物品的发放、领用、存储要由专门的人员负责，使用专柜仓储，危化品要放在防漏托盘上（图3-72），避免因滴漏而造成对环境的污染。

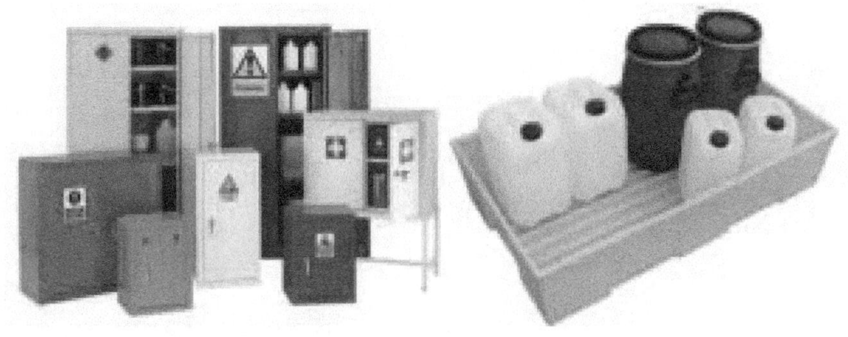

图3-72　危化品要放在防漏托盘上

3.13　动力蓄电池包举升设备安全操作训练

1. 任务准备

工具设备：动力蓄电池举升机、劳保用品、插线板。

辅助资料：举升机使用说明书、连接线、其他资料。

2. 任务步骤

（1）产品认识

1）本产品适用于多种品牌纯电动汽车的维修使用。

2）此款液压举升机可举升各类质量不大于1000kg的汽车蓄电池包，适用于汽车维修企业汽车蓄电池的检修。

3）结构特点：手推式移动举升机无需安装；倾斜式平台可以圆周方向分别移动30mm，方便汽车蓄电池的安装和维修。

4）技术参数：举升质量为2200Lbs/1000kg；举升高度为700mm；最低高度为1150mm；台面高度为1245mm；台面宽度为800mm；空气压力为7kgf/cm^2；举升时间为60s；侧滑宽度为35mm；整机净重为300kg。

（2）实施步骤

1）检查并正确穿戴个人高压防护用具。检查安全帽是否破损，内网是否牢固；检查护目镜是否破损、有油污；检查手套耐压等级、外观（是否破损、油污，检测手套密封性）；检查绝缘鞋耐压等级、外观。

2）正确检查动力蓄电池举升机。检查动力蓄电池举升机外观（是否有裂痕、变形等）；检查液压油壶是否漏液；检查固定轮是否损害；晃动上支架，查看是否牢固；检查线束外观是否存在破损、断裂等情况。

3）正确使用动力电池包举升机。举升到规定位置；下降举升机至原位。

项目四 新能源汽车驾驶安全防护

学习要求

➢ 知识要求

- 认识新能源汽车的分类和混合动力汽车的分类。

➢ 技能要求

- 能说出新能源汽车上的关键零部件名称、功用和所在位置。
- 能识别新能源车辆上的各种故障警告灯。
- 能找到新能源汽车上的第一类危险源。
- 能够分辨新能源汽车上的安全措施，并具备检查该技术措施是否失效的能力。
- 能分辨新能源汽车上的安全隐患点。
- 能说出电动汽车在行驶和充电过程中的注意事项。

相关知识学习

4.1 新能源汽车分类

新能源汽车指采用非常规的车用燃料作为动力来源（或使用常规的车用燃料、采用新型车载动力装置），综合车辆的动力控制和驱动方面的先进技术，形成的技术原理先进、具有新技术、新结构的汽车。

1. 按能量供给方式分类

新能源汽车按能量供给方式分为广义新能源汽车和狭义新能源汽车两大类，如图 4-1 所示。

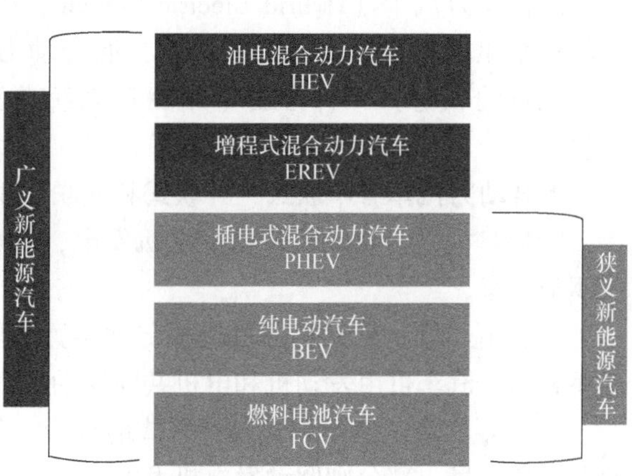

图 4-1 新能源汽车按能量供给方式分类

2. 按储能形式分类

按储能形式的不同，新能源汽车分为

5 种，如图 4-2 所示。

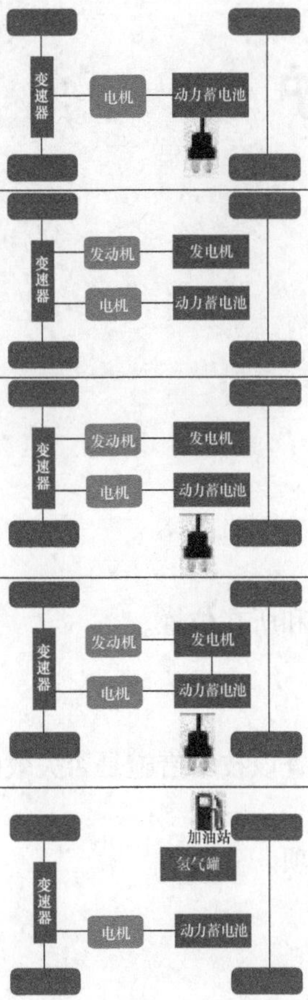

	驱动装置	动力来源	驱动方式	外接充电
纯电动汽车	电机	动力蓄电池	电-电-动力	能
油电式混合动力汽车	发动机+电机	燃油+动力蓄电池	油-油/电-动力	不能
插电式混合动力汽车	发动机+电机	燃油+动力蓄电池	油/电-油/电-动力	能
增程式电动汽车	电机	动力蓄电池	油/电-电-动力	能
燃料电池汽车	电机	燃料电池	氢-电-动力	不能

图 4-2　新能源汽车按储能形式分类

3. 混合动力汽车分类

混合动力汽车（Hybrid Electric Vehicle，HEV）是主要驱动系统由至少两个能同时运转的单个驱动系统组合而成的汽车，混合动力汽车的行驶功率主要取决于混合动力汽车的车辆行驶状态：一种是由单个驱动系统单独提供；第二种是通过多个驱动系统共同提供。

混合动力汽车有串联式、并联式和混联式 3 种布置形式。

（1）串联式　发动机带动发电机发电，其电能通过电机控制器直接输送到电机，由电机驱动汽车。

（2）并联式　发动机通过机械传动装置与驱动桥连接，电机通过动力复合装置也与驱动桥相连，汽车可由发动机和电机共同驱动或各自单独驱动。

（3）混联式　是串联式与并联式的综合，发动机发出的功率一部分通过机械传动输送给驱动桥，另一部分则驱动发电机发电。

图 4-3 所示为混合动力不同驱动的技术路线对比及相关汽车生产厂家所使用的技术。

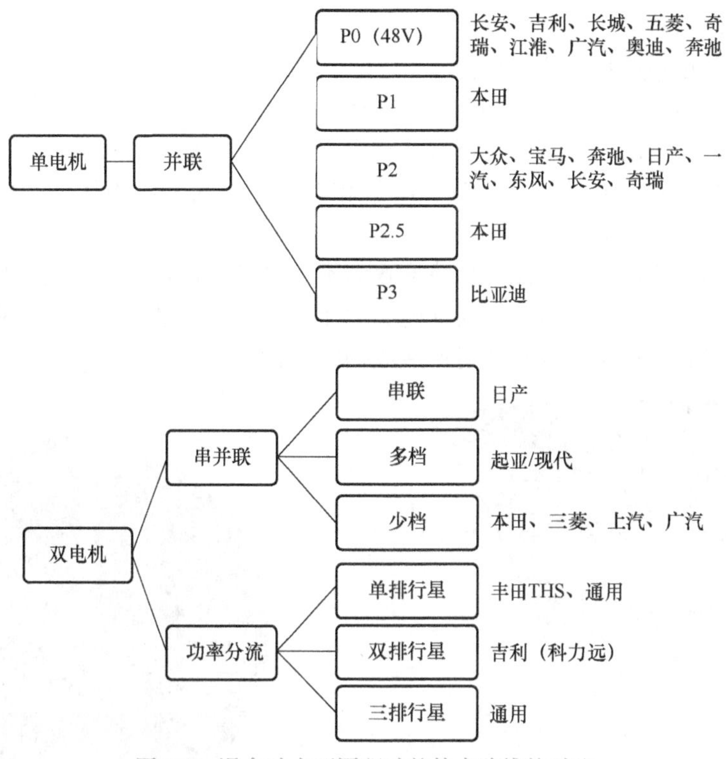

图 4-3　混合动力不同驱动的技术路线的对比

4.2　新能源汽车的本质安全

汽车的本质安全是指汽车通过设计的技术措施来保障汽车在误操作和故障状态时依然是安全的，不会发生安全事故。例如通过气囊和安全带这样的技术措施来保护驾驶人在车辆发生意外碰撞时身体不会伤害（图 4-4）。

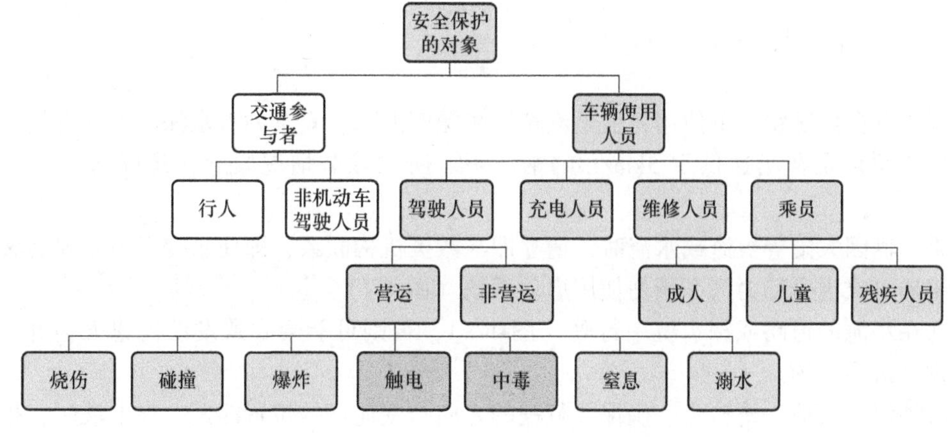

图 4-4　汽车安全保护的目标主要是人员的安全

本质安全是指通过设计等手段使汽车本身具有安全性，即使在误操作或发生故障的情况

下也不会造成事故的功能（图 4-5）。

本质安全一般包括两种功能安全：

（1）失误功能安全　指操作者即使操作失误，也不会发生事故或伤害，或者说汽车机械、电气、软件和使用的材料本身具有自动防止人的不安全行为的功能。

（2）故障功能安全　指机械、电气、电子和软件发生故障或损坏时，能暂时维持正常工作或自动转变为安全状态。

功能安全是指避免由系统功能性故障导致的不可接受的风险。它关注的是系统发生故障之后的行为，而不是系统的原有功能或性能。功能安全的目的是当系统发生故障后，使系统进入安全的可控模式，避免对人身、财产造成伤害（图 4-6）。

图 4-5　最新的汽车本质安全的定义

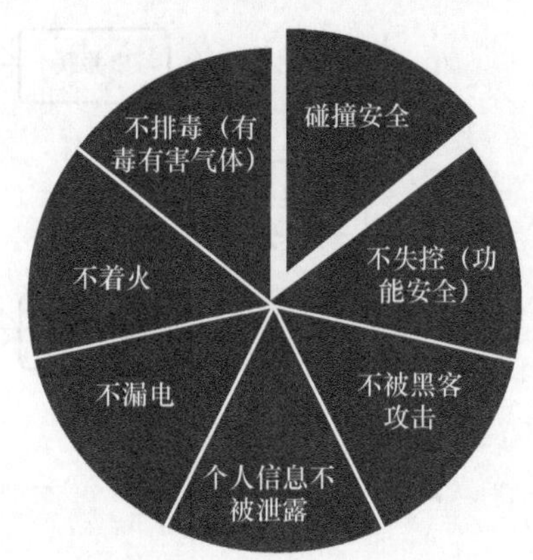

图 4-6　汽车安全的内涵

从产品安全的角度来说，可将其安全分为传统安全和由电子/电气功能安全。传统安全包括与触电、火灾、烟雾、热、辐射、毒性、易燃性、反应性、腐蚀性、能量释放等相关的危害和类似的危害，除非危害是直接由电子电气安全相关系统的故障行为而引起的。传统安全不在功能安全的考虑范围之内。

4.3　雨天驾驶时的安全措施

汽车可以在雨淋状态下使用，但是汽车不能深度涉水。安全的涉水深度大约是轮胎的一半的高度，而且是在车速低于 5km/h 的情况下。所以除非情况紧急，建议雨天不要驾车出行。

如果车辆因大雨等被淹或水淹时，请立即与救援机构联系，即使水变干也不要运转发动机，对于插电式混合动力汽车请勿使用启动系统（图 4-7）。

请勿在水淹的道路或深水坑中行驶（图 4-8），否则可能会导致发动机熄火、电气组件短路、发动机损坏等。

在移动汽车之前，请检查、确保要行驶的方向与变速杆的位置匹配。在上坡时，松开制动器并向前或向后移动，同时保持前进位置（D、S 位等）。在斜坡上不要松开制动器，并在倒档位释放制动器。可能导致发动机熄火时，没有真空助力，制动器会变得无效，转向盘也变得非常沉重，可能导致意外事故（图 4-9）。

如果汽车被水淹时，应取下蓄电池端子的负极，特别是在海水淹的情况下。由于海水具有导电性，因此电气系统可能短路导致车辆起火。卸下端子之前，应先关闭发动机（图4-10）。

图4-7　电动车辆水淹时车请勿启动系统

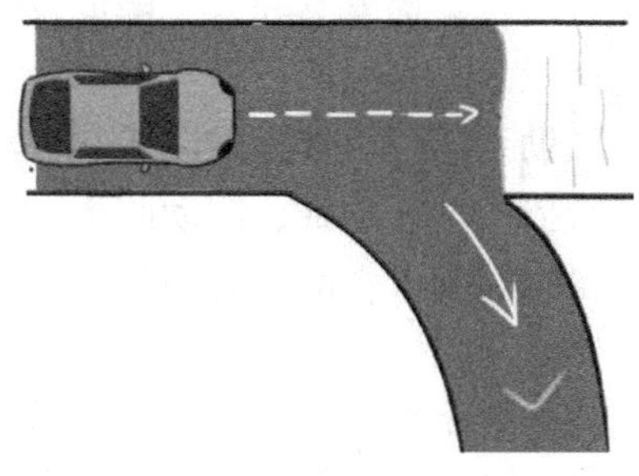

图4-8　请勿在水淹的道路或深水坑中行驶

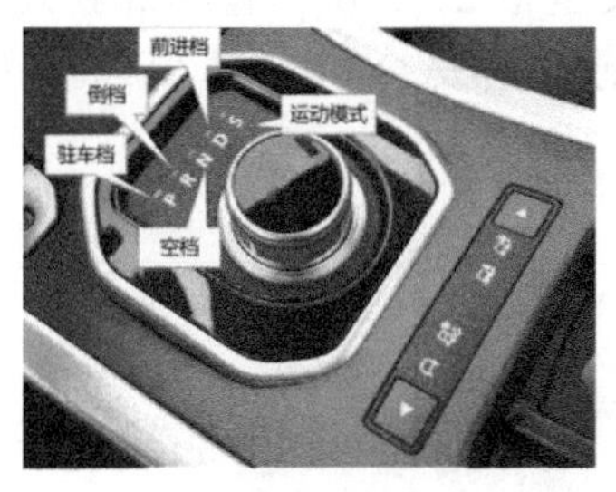

图4-9　在移动汽车之前检查变速杆的位置

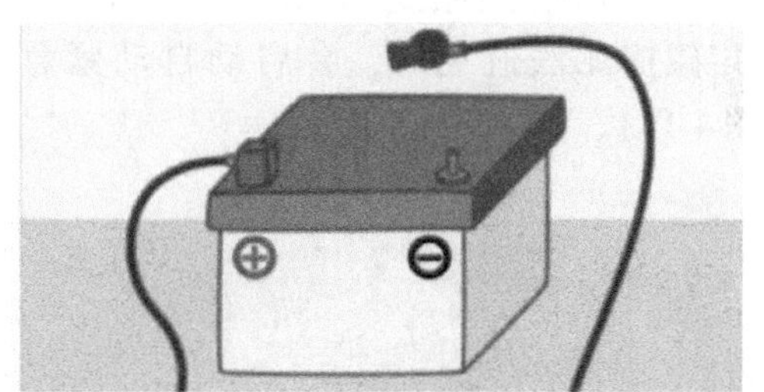

图4-10　卸下端子之前先关闭发动机

4.4　高级辅助驾驶（ADAS）车辆安全驾驶

一辆家用轿车在快速路上正常行驶时，其前方同向行驶的车辆突然紧急制动，而这时家用轿车驾驶人还未注意到该突发状况，该车的高级驾驶辅助系统功能已检测到前车制动情况，同时启动碰撞预警系统（FCW）提示驾驶人紧急避险，从而避免了一场事故的发生。这辆家用轿车配有高级驾驶辅助系统（ADAS）（图4-11、图4-12），高级辅助驾驶系统通过一系列技术措施保证了行车安全。高级辅助驾驶除了碰撞预警系统外，还有哪些功能呢？

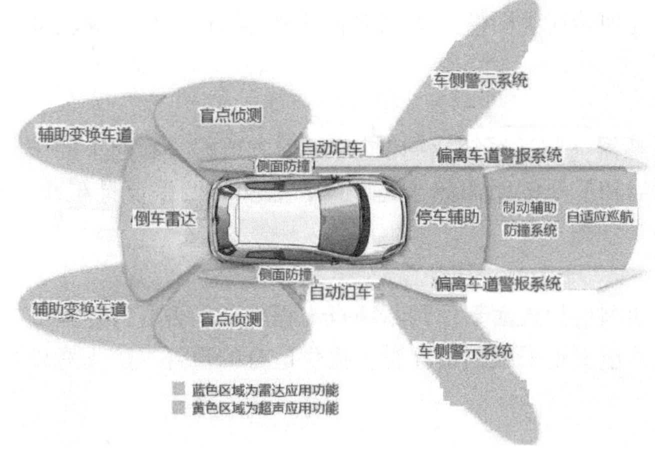

图4-11　汽车ADAS的汽车安全自主监测

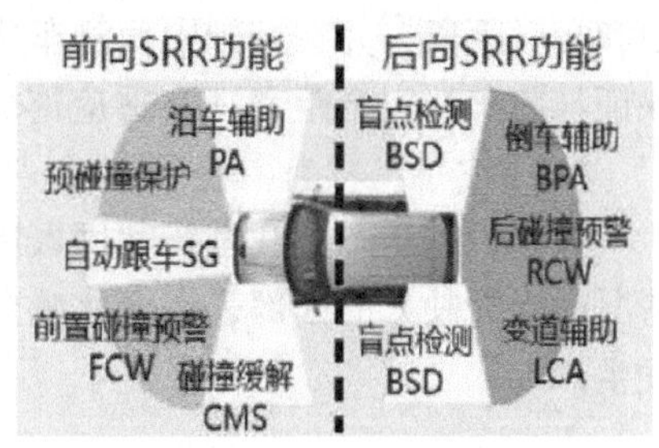

图4-12　辅助驾驶配置

1. 盲点侦测

ADAS 的盲点侦测指 ADAS 运用雷达和传感器侦测车辆后方的盲点区，当盲点区有车辆或物体接近时，会提醒驾驶人，降低发生意外的几率。

2. 停车辅助系统

停车辅助系统可以选择主动式和被动式两种方式。主动式即系统自动控制转向盘，驾驶人需要自行操作加速踏板、制动踏板、档位切换，从而完成停车。被动式即系统会将车辆周围信息提供给驾驶人，减少碰撞机会。

3. 车道偏离警示（LDW）系统

车道偏离警示系统在汽车偏离车道时使控制器发出警告信号提醒驾驶人（图 4-13）。

4. 碰撞预防（FCW）系统

由安装在车头上的雷达侦测车辆和前方车辆的距离和速度，开始时会用警告声提醒驾驶人，如果车距持续拉近，系统会自动轻微制动并轻拉安全带 2、3 次，警告驾驶人。当系统判定碰撞无法避免时，会启动自动紧急制动后立刻拉紧安全带来减少驾驶人的伤害（图 4-14）。

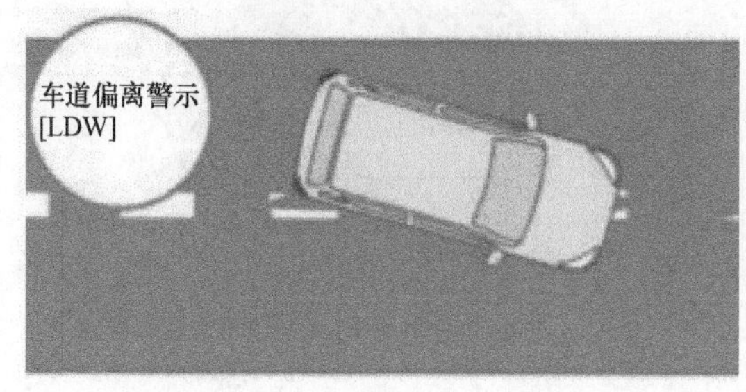

图 4-13 轨道偏离警示

图 4-14 碰撞预防

5. 适路性照明系统

ADAS 拥有的适路性车灯系统可以根据不同的路况、环境、车速以及天气状况，自动调整车灯的照明范围和角度。它既能保证车灯照范围更远，又不会影响其他来往车辆和行人。

6. 夜视系统

当在视线不明或者恶劣天气行车时，ADAS 的夜视系统可以根据红外线感知热量的不同来自动识别动物或者大型异物，并通过处理转换为图像，将原本看不清的物体呈现在驾驶屏幕，降低行车危险。

7. 自适应巡航（ACC）系统

ACC 根据安装在车辆前部的车距传感器（雷达系统），扫描车辆前方道路得到前车的车距和相对距离，并在行驶中侦测车速。当和前车的距离越来越小时，会实时调整自身车速，保证与前车的安全距离（自适应巡航系统如图 4-15）。

8. 人体机理状态监视系统

人体机理状态监视系统利用摄影头侦测驾驶人面部，判断注意力程度，是否有打瞌睡的情况。当驾驶人的面部表情变化减少，甚至出现闭眼的情况时，提供适合的警告，防止意外发生。

9. 加速踏板容错功能

当由于错误的踩踏等迅速而强烈地踩下加速踏板时，发动机输出会受到抑制，从而有助于减少碰撞伤害（图4-16）。

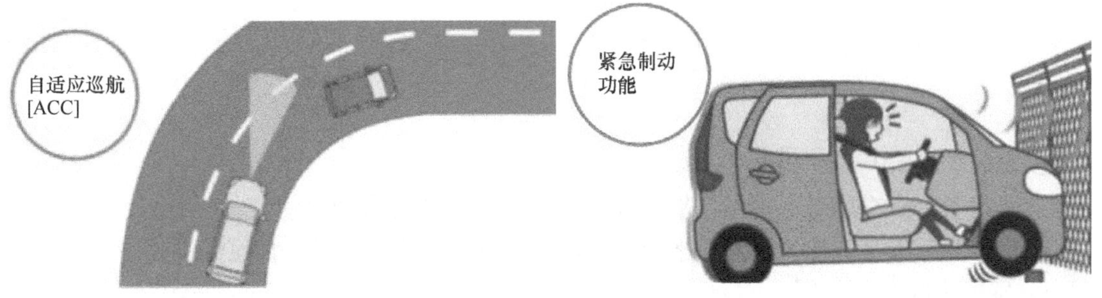

图4-15 自适应巡航

图4-16 加速踏板容错功能

4.5 电动汽车驾驶安全提醒

电动汽车行驶时噪声较小，路人容易忽视车辆的接近（图4-17）；蓄电池的电量比较高，电制动不起作用，这时的制动距离会相对较长（图4-18）；气温低时充电时间会相对延长（图4-19）。

图4-17 电动汽车行驶时噪声较小，路人易忽视车辆接近

图4-18 蓄电池电量较高，电制动不起作用，制动距离较长

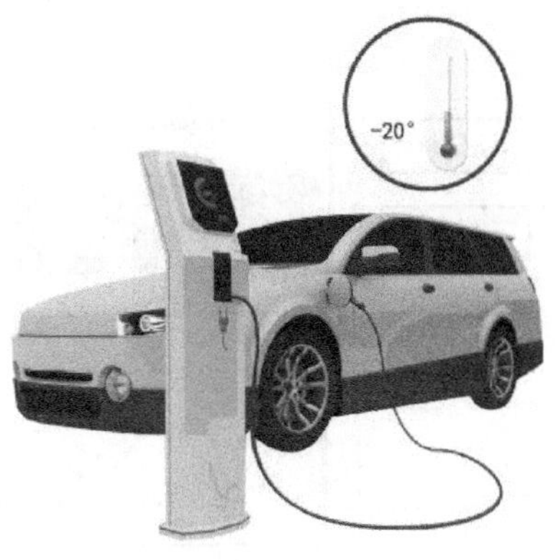

图4-19 气温低时充电时间会相对延长

4.6 识别新能源汽车安全隐患

1. 任务准备

安全防护：220V 家用电压保护。

工具设备：安全隐患识别考核平台（YBJY－RJ－802）、插线板。

辅助资料：安全隐患识别考核平台系统使用说明书、连接导线、其他资料。

2. 实施步骤

(1) 认识产品（平台架构） 系统选用 B/S 架构设计，采用 Spring Boot + mybatis - plus + thymeleaf + jsp + Mysql + Boostrap + shiro 等基础架构，支持 Linux 及 Windows 7 以上 32 位和 64 位桌面操作系统部署，支持所有使用 Google 内核的浏览器，建议使用 Google 浏览器。

(2) 实施操作 正确佩戴个人安全防护用具，使用安全隐患识别考核平台登录危险源识别考核系统，根据系统平台给出关于新能源车辆的隐患点问题找出并确认安全隐患。最后，提交到后台由系统自动判定答案是否正确。

4.7 认知新能源汽车动力总成

1. 任务准备

安全防护：220V 家用电压保护。

工具设备：新能源汽车动力总成安全考核设备（YBJY－A801）、手持式数字万用表。

辅助资料：新能源汽车动力总成安全考核设备使用说明书、实操教材。

2. 步骤实施

(1) 认识平台

1）上台架（图 4-20）。上台架包括电源管理功能区、教学实训平台系统的显示区和控制管理器、汽车仪表总成、整个电动汽车驱动电机系统的电路及相关部件的电路图和测量（端子）点。

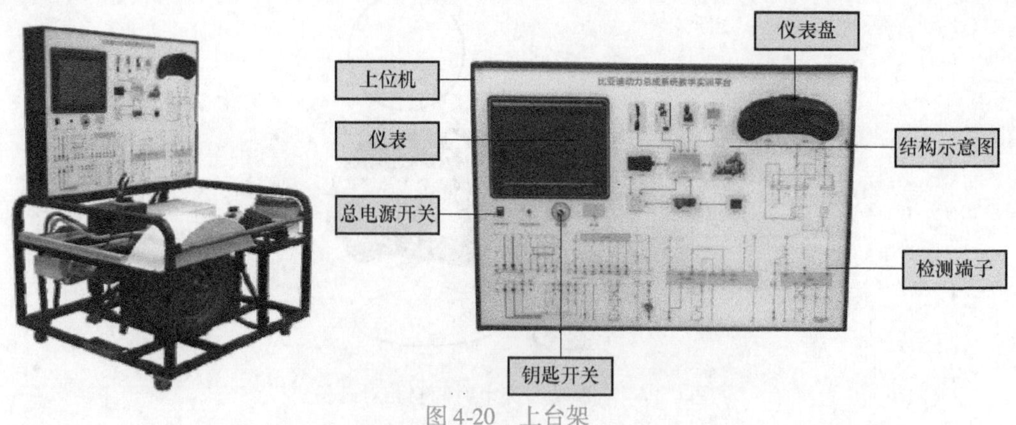

图 4-20 上台架

上位机交互界面主要用于实时数据查看、故障设置与排除实训、资料查找与阅读使用。

信号检测区包含风扇控制信号、水泵控制信号、档位及运动经济模式控制信号、加速踏板信号、P档开关信号、高压电控总成唤醒信号、驱动电机系统互锁信号、温度监控信号、驱动电机位置检测信号、主电流监测信号、CAN－H、CAN－L等驱动电机系统信号检测。

2）下台架（图4-21）。下台架包含驱动电机系统、冷却系统、高压电控总成、档位总成、轮胎、驱动半轴、制动踏板、加速踏板、熔丝盒、低压电源等实物件，能进行结构认知、故障设置，展示驱动电机系统运行状态。

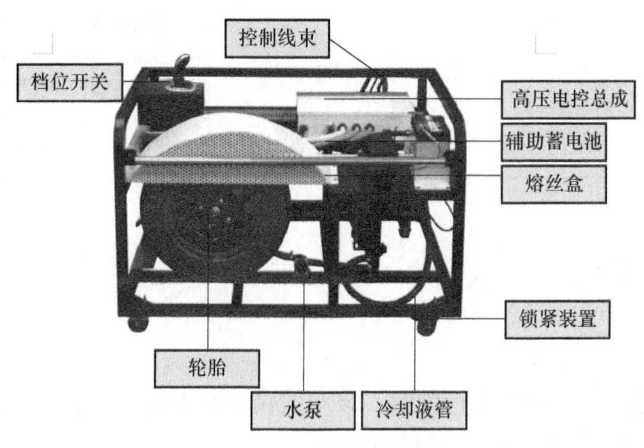

图4-21　下台架

（2）了解工作任务　正确使用纯电动汽车。

上电验证：将主操作台启动钥匙旋至ON位置，档位分别置于N位和D位，观察仪表信息并填写任务表。

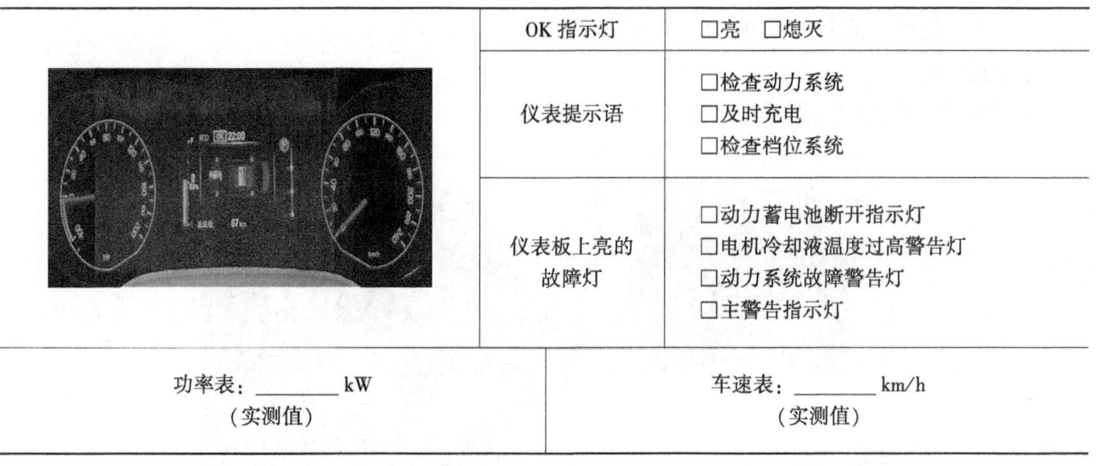

	OK指示灯	□亮　□熄灭
	仪表提示语	□检查动力系统 □及时充电 □检查档位系统
	仪表板上亮的故障灯	□动力蓄电池断开指示灯 □电机冷却液温度过高警告灯 □动力系统故障警告灯 □主警告指示灯
功率表：________kW （实测值）	车速表：________km/h （实测值）	

（3）实施操作　将主操作台启动钥匙旋转至ON位置，观察仪表信息并填写任务表。

OK 指示灯	□亮 □熄灭
仪表提示语	□检查动力系统 □及时充电 □检查档位系统
仪表板上亮的故障灯	□动力蓄电池断开指示灯 □电机冷却液温度过高警告灯 □动力系统故障警告灯 □主警告指示灯
故障码信息读取	无故障码
故障原因	□加速踏板深度电源 1 异常 □加速踏板深度 1 信号断路 □加速踏板深度 1 搭铁线断路 □加速踏板深度电源 2 异常 □加速踏板深度 2 信号断路 □加速踏板深度 2 搭铁线断路

4.8 认识新能源汽车故障指示灯

1. 任务引入

驾驶一辆比亚迪 E5 电动汽车行驶时，该车的仪表盘上有一个黄色的蓄电池形状的灯在闪烁，该如何做出反应，是停车还是继续行驶？

新能源汽车为了保障汽车的本质安全采取了一些技术措施。当汽车出现故障时，装在仪表板上的故障指示灯就会闪烁（图 4-22），提示某个系统出现故障以帮助驾驶人快速发现车辆的安全隐患，对风险进行预警。下面来学习各种故障指示灯的代表含义。

2. 任务要求

知识要求：

- 掌握各种故障指示灯的含义和故障信息。

技能要求：

- 根据提示的故障灯准确识别各类故障信息。

图 4-22 仪表盘故障灯信息（请参考产品说明书）

3. 相关知识

辅助蓄电池故障指示灯（图 4-23）亮起时，说明辅助蓄电池充电系统异常，应把车辆停在安全的地方，并联系修理厂或维修店。

制动系统故障指示灯（图 4-24）亮时，需要与修理厂联系。

安全气囊指示灯（图 4-25）亮时，需要与修理厂联系。

发动机故障警告灯（图 4-26）亮时，应将车辆停在安全的地方并联系修理厂或维修店。

当 ABS 出现异常时，ABS 故障警告灯（图 4-27）亮起。这时要避免紧急制动和高速行驶，把车辆停在安全的地方，熄火，再次起动发动机，然后运行一会儿，如果不再亮灯，就没有问题。否则，要联系修理厂或维修店。

电动汽车的 EV 系统出现异常时，动力故障警告灯（图 4-28）亮起，遇到这种情况要把车辆停在安全的地方，然后与修理厂或维修店联系。警告灯的类型会因车型不同而有所差异。

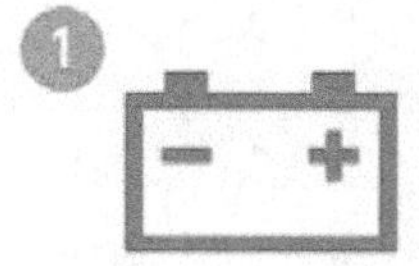

图 4-23　辅助蓄电池故障指示灯

图 4-24　制动系统故障指示灯

图 4-25　安全气囊指示灯

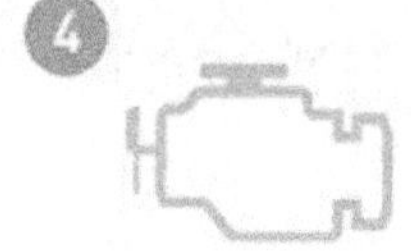

图 4-26　发动机故障警告灯

图 4-27　ABS 故障警告灯

图 4-28　动力故障警告灯

4. 任务实施

（1）任务准备

1）安全防护：220V 家用电压保护。

2）工具设备：车辆信息识别设备（YBJY-A411）、插线板。

辅助资料：车辆信息识别设备使用说明书、连接导线和其他资料。

（2）实施步骤

1）认识设备。车辆信息识别设备如图 4-29 所示，设备主界面如图 4-30 所示。

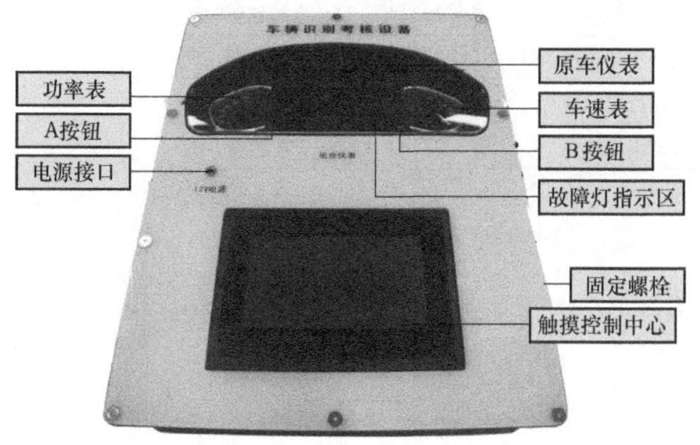

图 4-29　车辆信息识别设备

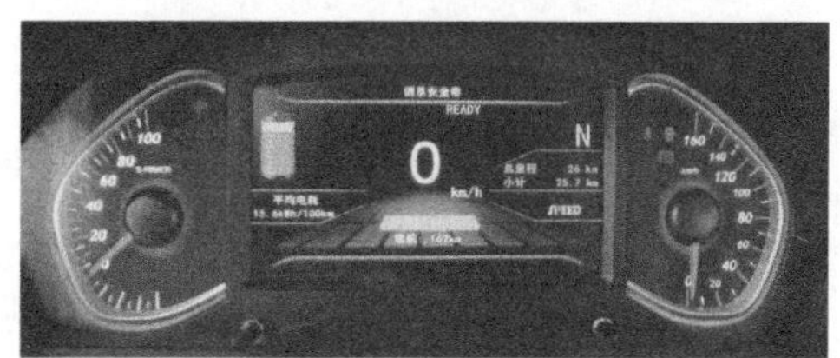

图 4-30　设备主界面

2）了解工作任务。

① 连接 12V DC 转换电源，设备上电。

② 单击欢迎界面，进入主菜单功能。

③ 答题：教师端确认开始考试后，学生才能进行答题。考试有 4 个选项（A、B、C、D），选择正确的选项后可进入下一题。

④ 交卷：在考生确定试题答案后，点击交卷进行试卷提交。提交后的试卷由系统自动完成考核统计。

⑤ 相关故障灯说明（图 4-31）。

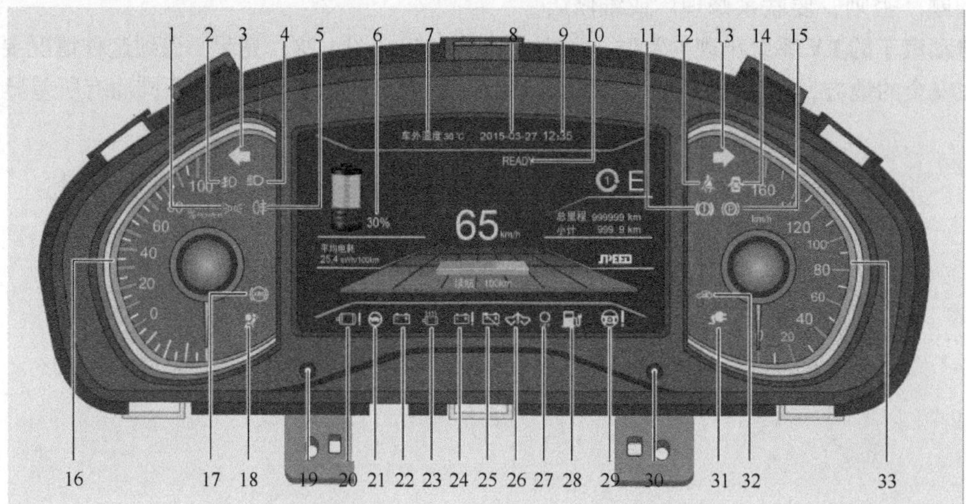

序号	说明	序号	说明	序号	说明
1	示廓灯	12	安全带未系指示灯	23	电机及控制器过热指示灯
2	前雾灯	13	右转向指示灯	24	动力蓄电池故障指示灯
3	左转向指示灯	14	门开指示灯	25	动力蓄电池断开指示灯
4	远光灯	15	驻车制动指示灯	26	系统故障灯
5	后雾灯	16	驱动电机功率表	27	制动能量回收关闭
6	剩余电量指示	17	ABS故障指示灯	28	充电提醒指示灯
7	车外温度指示	18	安全气囊指示灯	29	EPS故障指示灯
8	日期显示	19	按钮A	30	按钮B
9	时间显示	20	电机系统故障指示灯	31	充电线连接指示灯
10	READY指示灯	21	跛行指示灯	32	防盗指示灯
11	制动系统故障指示灯	22	蓄电池故障	33	车速表

图 4-31　故障灯说明

3）实施操作。根据车辆信息识别设备中已设置完成的故障灯来答题并提交答卷。

项目五 新能源汽车充电安全防护

学习要求

➢ 知识要求

- 掌握不适合从事电动汽车维修工作的人员有哪些。
- 掌握避免充电时发生触电的方式。
- 了解充电时对作业人员的要求。

➢ 技能要求

- 能使用教学设备模拟充电作业。

相关知识学习

5.1 执行充电时对人员的安全要求

当电动汽车电量低至影响到正常使用时，需要对车辆进行充电。充电方式有两种，一种是使用市面上的快速充电桩；另一种是使用家用充电座。不论哪种充电方式，充电方法错误时都可能造成严重的事故。

电动汽车都配备了动力蓄电池，因为有高压电，充电的时候需要注意，避免发生触电事故。

充电作业时不能打开新能源汽车前舱盖，前舱内有高压部件，防止触电（图 5-1）。

不能边充电边洗车，会引起火灾和触电。如果充电插座盖打开，淋湿后会引起短路触电、火灾（图 5-2）。

雨天触电机理

发现车辆冒烟或有火苗，不能自己处置、不要靠近、不要逗留在车内，应让专业人员来解决（图 5-3）。

如果使用了电子医疗装置，如安装了心脏起搏器或除颤器，进行电动汽车充电前请先确认电动汽车充电作业会对该装置产生什么影响。车辆充电可能会影响电子医疗装置的功能（图 5-4）。在充电时请注意以下几点：

电动汽车电磁辐射防护

1）不要待在车内。

2）充电时不要进入车内取东西。

3）充电设备的电磁辐射可能会影响电子医疗装置的功能（图5-5），导致人身伤亡。

图5-1 充电作业时不能打开前舱盖

图5-2 不能边充电边洗车

图5-3 发现车辆故障时请专业人员来解决

图5-4 车辆充电作业可能会影响电子医疗装置的功能

在靠近开启的驱动电机或者高压系统的地方逗留时，可能会对电子生命辅助装置造成负面影响。

这些装置包括：

- 体内的镇痛泵
- 除颤器
- 心脏起搏器
- 大脑起搏器
- 胰岛素泵
- 助听器

在体外或体内使用这样或那样仪器的员工必须面对很高的健康风险，这种风险也可能会导致死亡！

图5-5 电动汽车充电作业对装有电子医疗设备的影响

5.2 触电事故机理

交流电和直流电的使用带来工业电气化的革命，使得人类实现了能量的远程传递和远程自动控制。在新能源汽车维修和充电作业过程中不可避免地要与电打交道，一旦这种电能流经人体，可能带来人体的电击、电伤。那么电能是如何作用在人体的，它是怎样破坏人体的机能的，破坏的严重程度与哪些因素有关，作业人员应该怎样预防触电，这就是下面要学习的内容。传统汽车采用的是12V/24V电压，远远低于安全电压，所以用电安全不是问题，在汽车维修课程中不会涉及这些内容。对于新能源汽车维修作业人员，需要学习触电事故的机理，避免触电事故的发生。

1. 人体对于电流的承受力

人体是可以承受轻微的电流流过的，但是人体不能承受较大的电流流过。伤害程度与电流大小有关，与电流作用人体的时间有关。电流流经人体时间越长，伤害越重，所以一旦发现有人意外触电时，切断流经他的身体的电源（术语称为摆脱）是最紧迫的任务。人体是一个导体，人体电阻在某种状态下是固定的，按照欧姆定律，流经人体的电流大小就取决于外界施加在人体的电压大小。如果电压小到导致的电流小于5mA，就称为安全电压。

新能源汽车的高压系统的交流电机由三相交流电压来驱动，因为使用低频来驱动电机，所以在交流电机上触电是非常危险的。

经过人体的电流若是达到5 mA，就称为“触电”，触电的人会感觉触电部位发麻，但能从带电导体上松开手。

经过人体的电流若是达到10 mA（即所谓的“松手极限”），触电的人身体会收缩，自己无法脱离电源，于是电流的作用时间明显加长了。

30～50 mA的交流电流作用较长时间时，就会出现呼吸停止以及心室纤维性颤动。

如果流过身体的电流达到80 mA（即所谓的“死亡极限值”），人就会死亡。

检修高压系统时，在以下情况下就会产生危险了：

1）工作部件之间的电压超过25V（交流）或者60V（直流）；

2）工作点的短路电流超过3mA（交流）或12mA（直流）；电能超过350 mJ。

2. 电流与人体伤害程度的关系

图5-6所示为流过人体的电流大小、流通时间与伤害的关系。

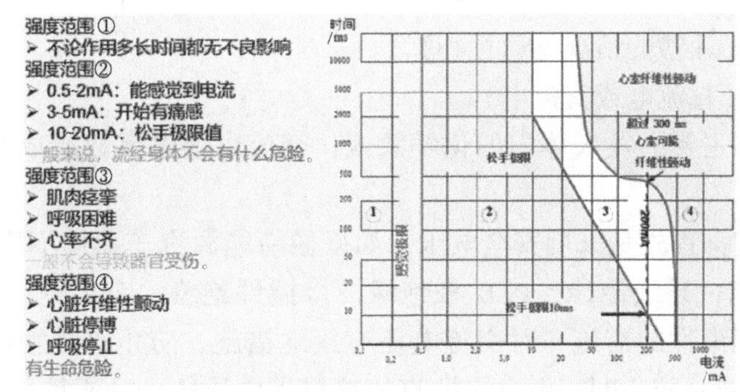

图5-6　流过人体的电流大小、流通时间与伤害的关系

因为人们的身体状况的各不相同，人体各部位的电阻值不同（图5-7）。上述电阻值为平均值。

人的血液里含有电解质，所以电导率很高，特别是主血管经过的部位（胸部及躯干），所以这些地方的电阻很小。最大的生命危险主要出现在电流流经心脏的时候。

当皮肤潮湿或者有小的伤口时，电阻会明显降低；接触电压和体内的接触电阻是决定人体内电流的关键因素。

当交流电的频率较低时，会导致心脏停止跳动

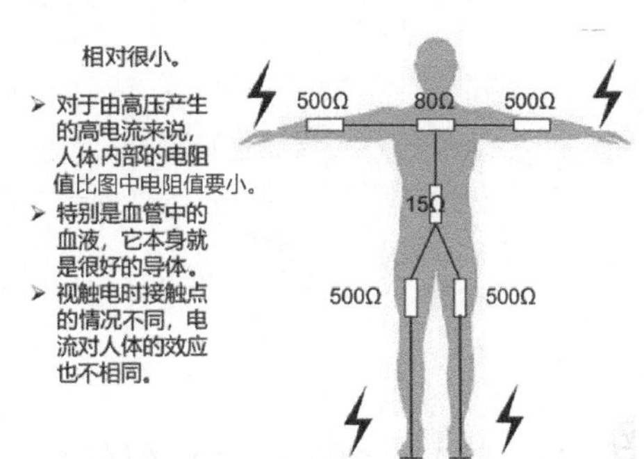

图5-7　人体电阻

及无法正常工作，即心脏出现纤维性痉挛。不同状态主电阻的区别很大（如角质层、潮湿程度、电导率等），但是主电阻在电压大于100V时几乎为0Ω，这就出现了所谓的“击穿”。

不能双手作业，双手直接接触有压差的电源时，电流直接流过心脏（图5-8）。

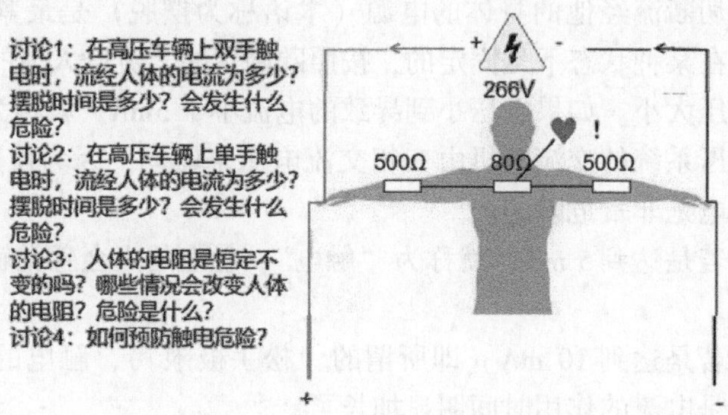

图5-8 双手作业时流经人体的电流

当通过人体的电流达到AC 25 V以及DC 60V以上，可能导致电击、呼吸及心跳中断、烧伤及永久身体损伤甚至死亡。

通过人体的电流所引发的后果取决于：

- 接触位置电压。
- 流动的电流强度。
- 电流的持续时间。
- 电流的路径（最糟的情况是通过心脏）。
- 电流的频率（直流电或交流电）。

直流电触电事故主要引发人体内的化学效应；交流电触电事故造成心律障碍的危险特别高。

避免触电的措施：首先是采用安全电压，如果像新能源汽车那样不能采用安全电压时，就需要采用隔离措施，导线绝缘、PCB板绝缘、接插件绝缘、个人绝缘防护用品（手套、鞋、绝缘毯）都是隔离性的措施，对交流电还有接地措施，防止直接触电（直接触摸带电导体）。漏电保护措施是防止间接触电（非直接接触带电导体，电流是从正常状态的下不带电的物体传到过来）。

电能除了引起人体触电伤害外，还能引起火灾。

能力提升训练

5.3 使用教学设备模拟充电作业

1. 任务准备

安全防护：220V家用电压保护。

工具设备：交直流充电桩功能模拟实训互动教学平台、个人防护用品。

辅助资料：交、直流充电桩功能模拟实训互动教学平台使用说明书、实操教材。

2. 实施步骤

（1）认识平台　本平台（图5-9）由交流充电桩（仿真模拟低压）、直流充电桩（仿真模拟高压）、快充接口、慢充接口、输出电路控制安全模块、电量计费模块、车辆充电管理模块、CANBUS 通信模块、教学训练面板、操作控制台、15in（1in = 2.54cm）高清显示屏组成。

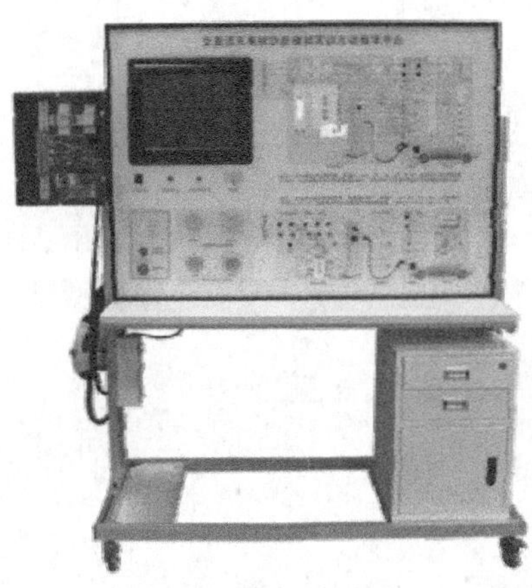

图5-9　交直流充电桩功能模拟实训互动教学平台

1）主面板和侧面板（图5-10）。

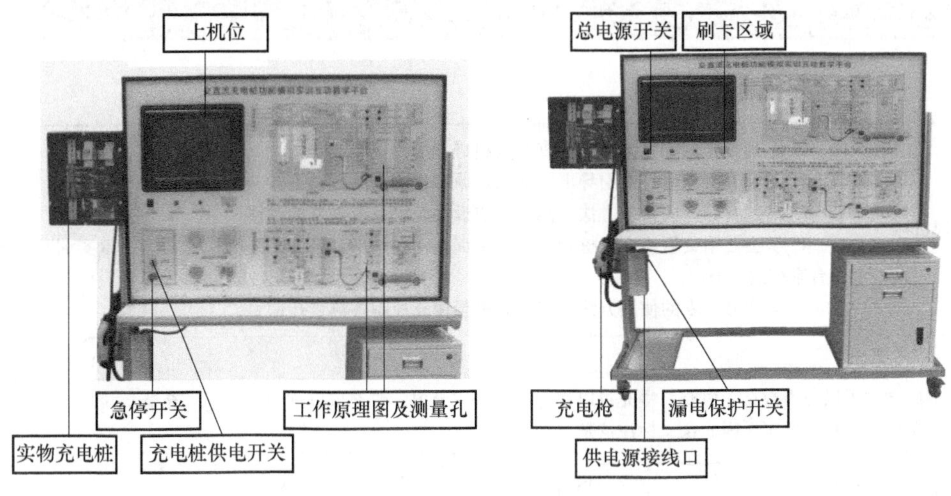

图5-10　主面板和侧面板

2）开机画面（图5-11）。

（2）了解工作任务　模拟新能源汽车充电流程。

1）对充电桩进行外部检查（充电桩外观、线束、有无水迹、枪口有无异物）。

2）按照要求进行充电线束和充电枪外观检查，按照作业任务要求选择相应的模式进行充电。

（3）实施操作

1）检测交流充电控制导引电路及信号并填写任务单。

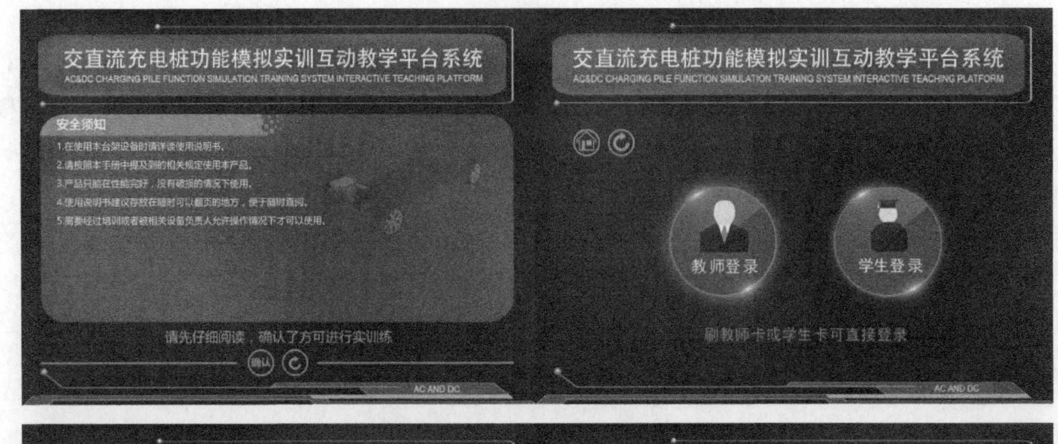

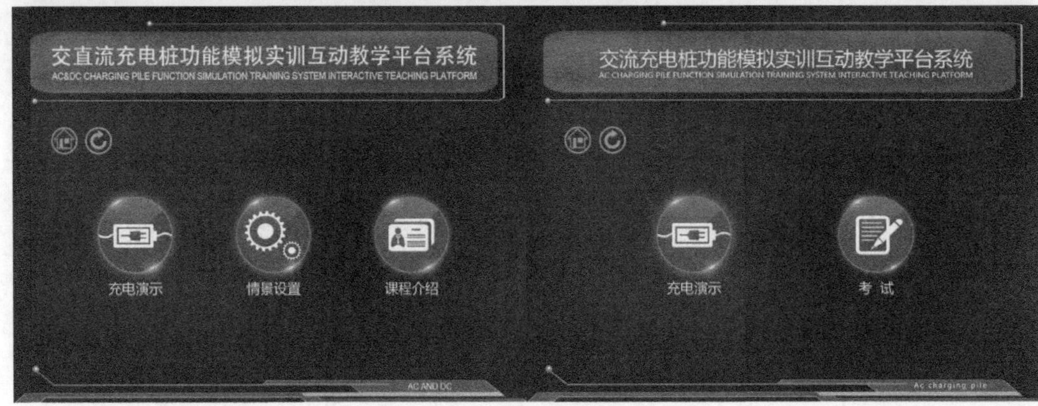

图 5-11 开机画面

实训目标	1. 识别慢充枪的管脚，能够查阅资料进行简单说明。 2. 理解交流充电控制引导电路的工作原理，能查阅资料进行分析讲解。 3. 清楚各部件的操作方法，能够完成设备开机及上电基本操作。 4. 学会使用交直流充电桩功能模拟实训互动教学平台系统给充电系统功能模拟实训互动教学平台系统进行充电。 5. 知道万用表的使用方法，能正确测量慢充控制各测量孔信号。

一、信息收集

1. 充电的方式可以分为慢充和快充，慢充可以称为________充电，快充可以称为________充电。
2. 将下图中慢充枪各插座代表的含义标注清楚。

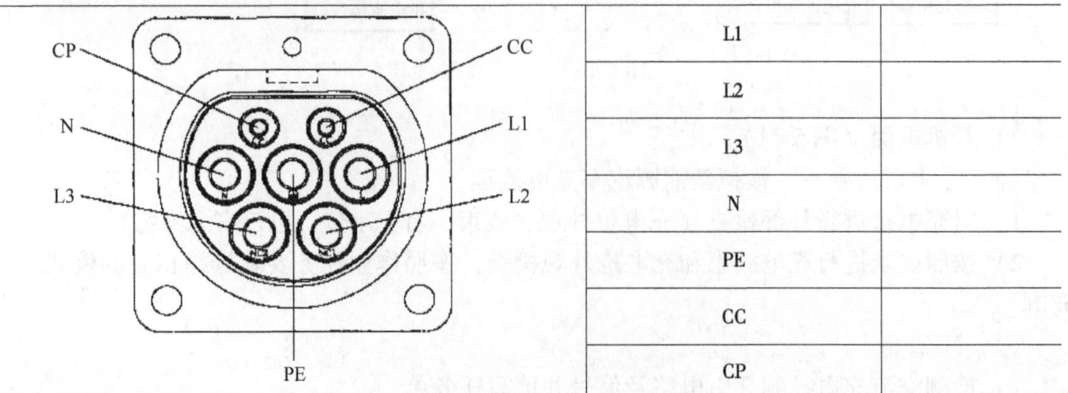

L1	
L2	
L3	
N	
PE	
CC	
CP	

（续）

3. 慢充时，充电桩需要与车辆端进行通信，建立通信的插孔为________与________。

4. 查阅资料，将下图中未注明部分填写完整。

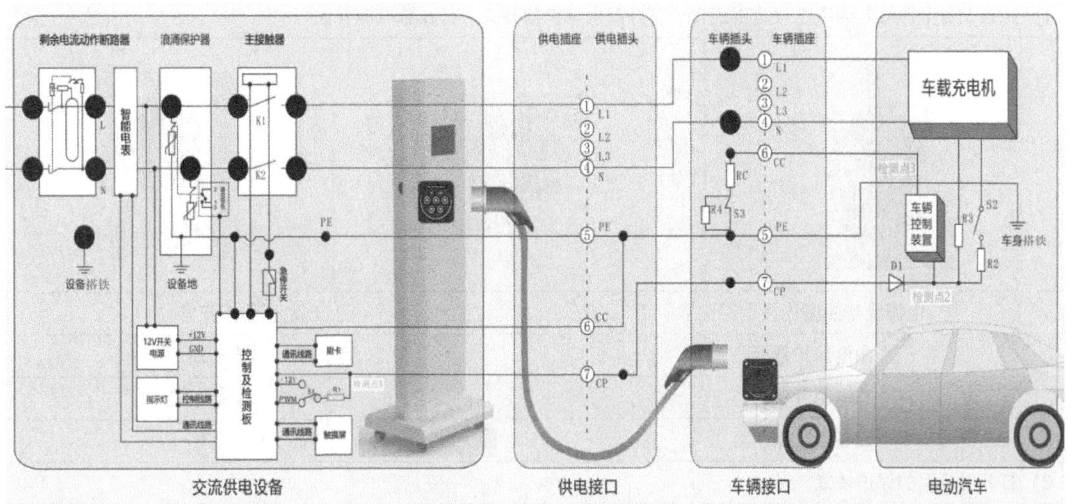

5. 检测点 1 的初始电信号为________；若车内有 R2，则在信息交互时检测点 1 的电信号由初始值变为________；在充电过程中，检测点 1 的电信号为________占空比信号。

6. 查阅资料，完成充电枪上的 RC 阻值与最大充电电流的对应值。

RC 阻值/Ω	充电线电流限值

二、制订计划

1. 根据任务要求制订部件识别、设备上电和数据检测计划。

作业流程		
序号	作 业 项 目	操 作 要 点
1	认知面板上各部件名称及作用	查阅资料进行填写
2	分别完成电源连接、漏电保护器闭合、打开总电源开关	必须按顺序进行上电操作
3	给充电模拟或蓄电池模拟进行交流充电	按照充电流程进行充电
4	测量交流控制引导电路的信号	注意电压档位选择

2. 根据操作计划，完成小组成员任务分工。

操作人		监护人	
作业注意事项			
① 实训中请勿快速、连续断开和闭合漏电保护器、电源总开关 ② 设备上电和断电时请务必按照要求操作（详细请参考使用手册） ③ 设备上电过程中，请勿测量电阻，以免损坏设备 ④ 测试电路导通时，需关闭充电桩供电开关后进行测量，以免测量有误差 ⑤ 设备为可拆卸，请勿随意拆卸后盖和线束，以免发生危险			

（续）

三、计划实施

1. 认知面板上各部件名称及作用，并检查设备电源连接是否正常。

1）检查设备电源线与插座连接是否正常，打开漏电保护器开关，打开总电源开关。

	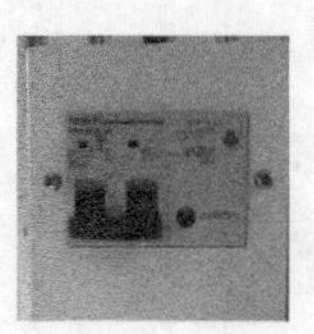	

电源线与插座连接是否正常	□ 正常　□ 不正常
漏电保护器操作	□ 打开　□ 切断
总电源开关操作	□ 打开　□ 切断
设备运行指示灯	□ 亮　□ 熄灭

2）打开面板上的保护装置。

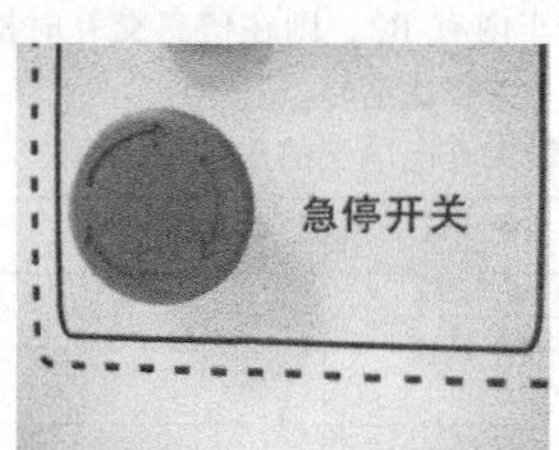

急停开关开关操作	□ 拔起　□ 按下

3）观察面板上指示灯。

电源 POWER 连接 LINK 运行 RUN 故障 FAULT	电源 POWER 指示灯	□ 亮　□ 熄灭
	故障 FAULT	□ 亮　□ 熄灭

2. 对信号进行检测并进行登录。

关闭总电源开关，在下电状态测量下列信号		
6 CC RC R4 S3 5 PE	测量 RC 阻值为	________Ω （以实际测量值为准）

（续）

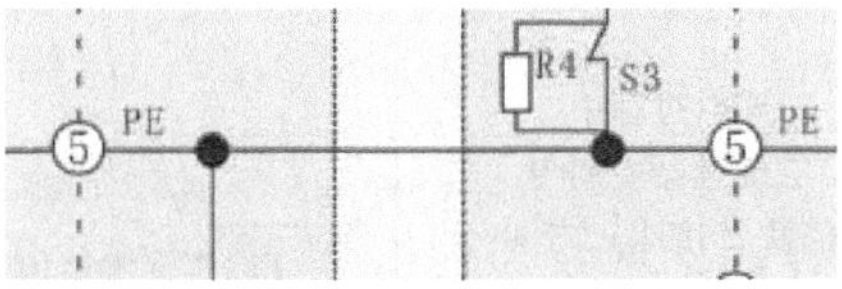	PE 与设备搭铁（接地）之间	□ 导通　□ 断开
打开总电源开关，在上电状态完成下列检测		
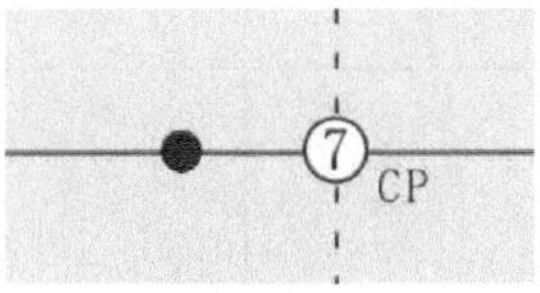	CP 信号	________ V （以实际测量值为准）
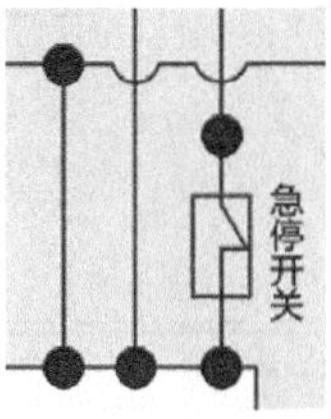	主接触器控制供电电源	________ V
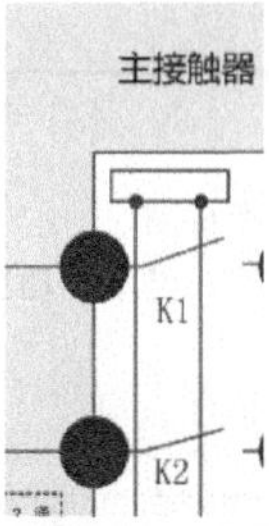	主接触器左端电压	________ V AC （以实际测量值为准）

3. 进行慢充操作，并对交流充电控制引导电路信号进行检测。
备注：设备需要与充电模拟或蓄电池模拟设备进行慢充操作。

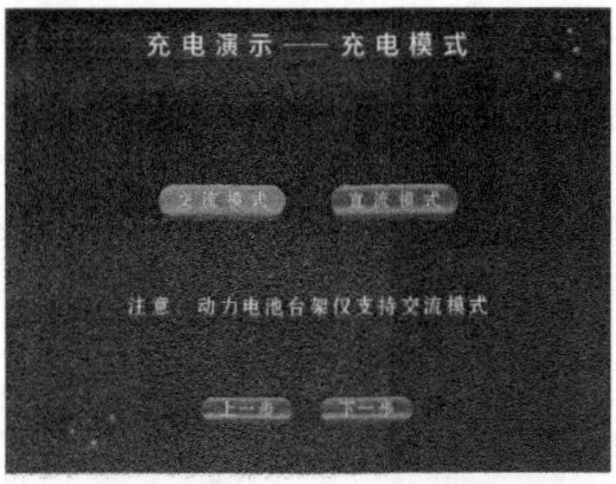	选择充电设备	□ 充电功能模拟 □ 蓄电池功能模拟 （根据实际连接设备选择）
	充电类型	□ 交流模式 □ 直流模式
	充电方式	□自动充满 □按时间充 □按电量充 □按金额充 （根据实际操作选择）
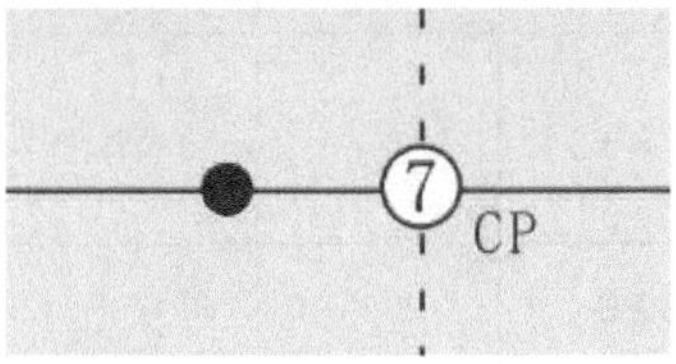	CP 信号变化过程	________ V — ________ V— ________ V（备注：使用万用表测量充电过程中的 CP 信号变化可能不准确，应使用示波器进行测量，且需排除干扰。）

（续）

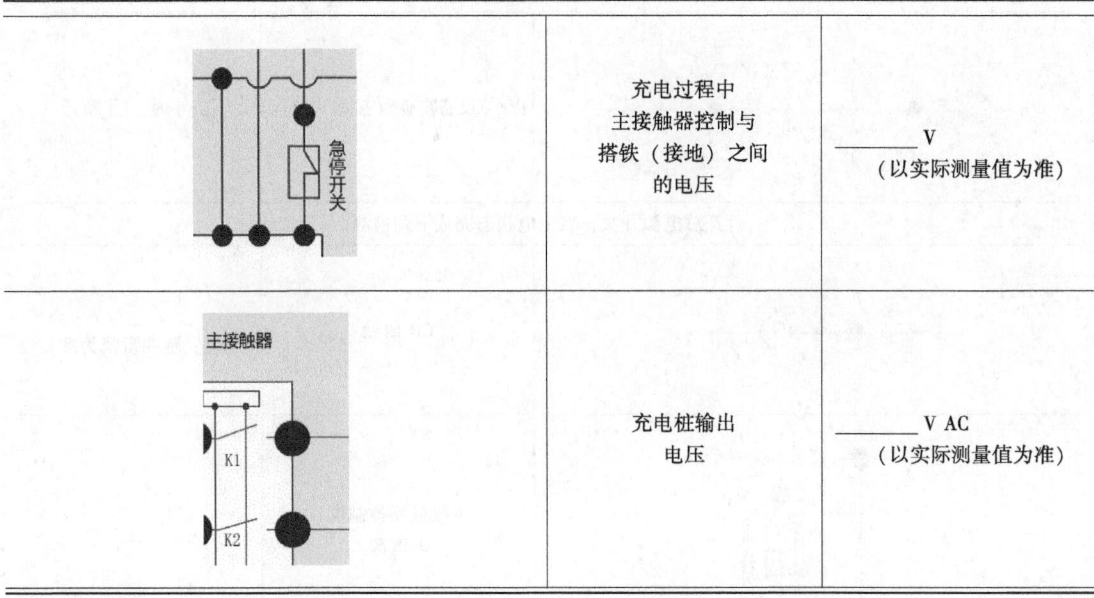

	充电过程中主接触器控制与搭铁（接地）之间的电压	________V （以实际测量值为准）
	充电桩输出电压	________V AC （以实际测量值为准）

2）直流充电控制导引电路及信号检测，并填写任务单。

实训目标	1. 识别快充枪的管脚，能够查阅资料进行简单说明。 2. 理解快充控制引导电路的工作原理，能查阅资料进行分析讲解。 3. 学会使用交直流充电桩功能模拟实训互动教学平台系统给充电系统功能模拟实训互动教学平台系统进行充电。 4. 知道万用表的使用方法，能正确测量快充控制各测量孔信号。

一、信息收集

1. 直流充电桩采用________相________线制供电，可以提供足够的功率，输出的电压和电流调整范围大，可以实现快充的要求。

2. 查阅资料，将下图中车辆插座快充口各管脚含义标注清楚。

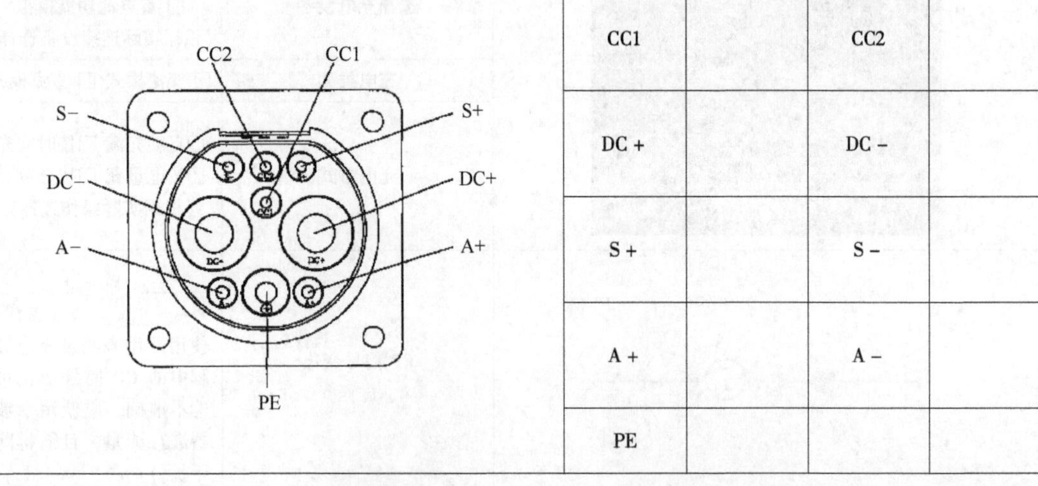

CC1		CC2	
DC +		DC −	
S +		S −	
A +		A −	
PE			

（续）

3. 查阅资料，将下图各部分名称补充完整。

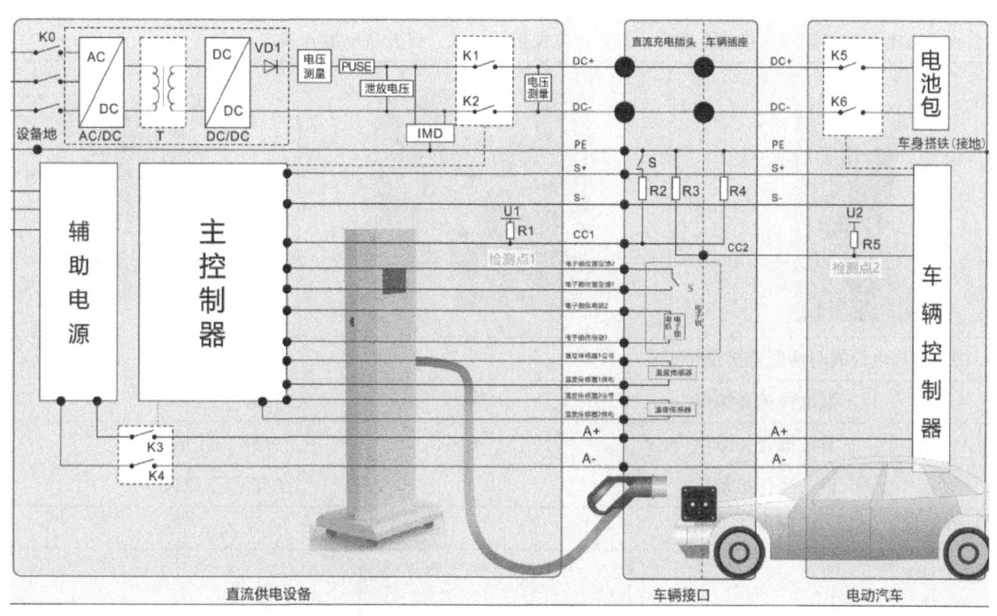

4. 国标中，R1、R2、R3、R4、R5 的阻值均为________Ω。

5. S+、S-为通信信号，两者之间的电压和为________V。

6. 查阅资料，写出快充过程中检测点 1 电信号的变化过程。

初始值为________V，按下开关 S 变为________V，连接充电枪并按下开关时变为________V，松开开关时变化为________V。当检测点 1 的电压信号变为________时，充电桩确认充电枪与车辆完全连接。

7. 连接充电枪后，车辆内部检测点 2 的电压由原来的________V 变化为________V，此时车辆确认与充电桩完全连接。

二、制订计划

1. 根据任务要求制订部件识别、设备上电和数据检测计划。

作业流程		
序号	作 业 项 目	操 作 要 点
1	分别完成电源连接、漏电保护器闭合、打开总电源开关	必须按顺序进行上电操作
2	给充电模拟进行快充充电	按照充电流程进行充电
3	测量交流控制引导电路的信号	注意电压档位选择

2. 根据操作计划，完成小组成员任务分工。

操作人		监护人	
作业注意事项			
① 实训中请勿快速、连续断开和闭合漏电保护器、电源总开关。 ② 设备上电和断电时请务必按照要求操作，详细请参考使用手册。 ③ 设备上电过程中，请勿测量电阻，以免损坏设备。 ④ 测试电路导通时，需关闭充电桩供电开关后进行测量，以免测量有误差。 ⑤ 设备为可拆卸，请勿随意拆卸后盖和线束，以免发生危险。			

（续）

三、计划实施

1. 检查设备电源连接是否正常。

1）检查设备电源线与插座连接是否正常，打开漏电保护器开关，打开总电源开关。

	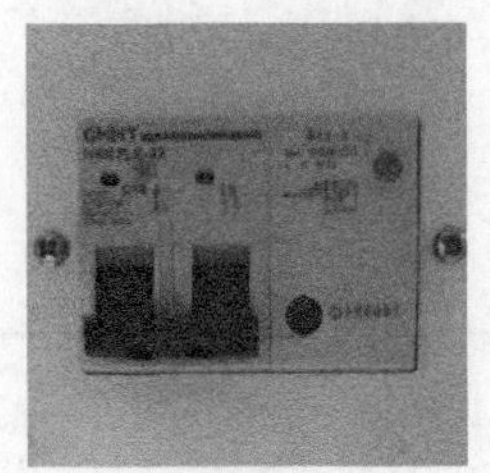	

电源线与插座连接是否正常	□ 正常　□ 不正常
漏电保护器操作	□ 打开　□ 切断
总电源开关操作	□ 打开　□ 切断
设备运行指示灯	□ 亮　□ 熄灭

2）打开面板上的保护装置。

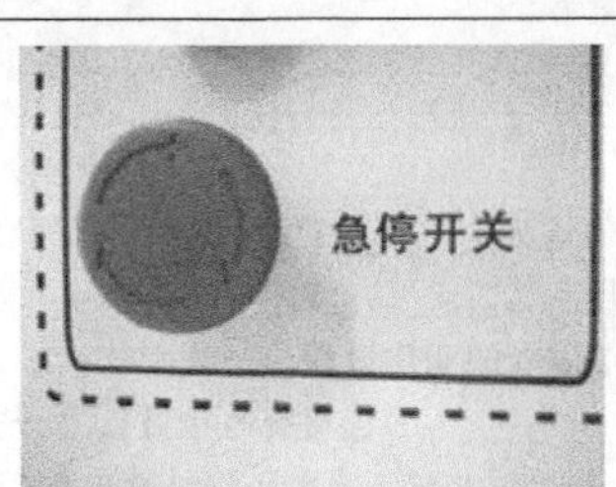

急停开关开关操作	□ 拔起　□ 按下

3）观察面板上指示灯

电源 POWER 连接 LINK 运行 RUN 故障 FAULT	电源 POWER 指示灯	□ 亮　□ 熄灭
	故障 FAULT	□ 亮　□ 熄灭

2. 对信号进行检测，并进行登录。

关闭总电源开关，未上电状态测量下列信号		
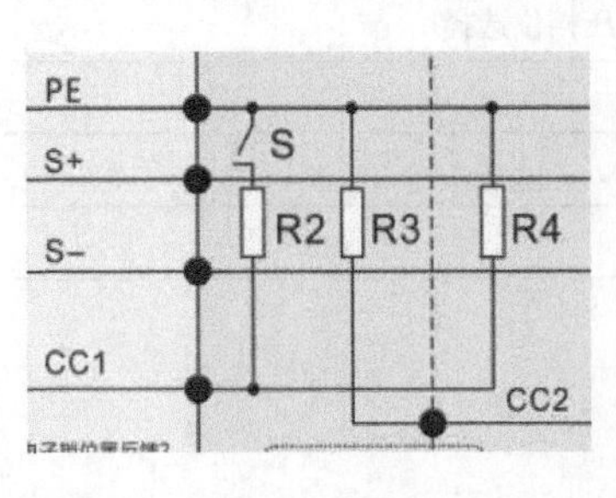	测量 R2 的阻值	________Ω （以实际测量值为准）

（续）

温度传感器1信号 温度传感器1供电 温度传感器2信号 温度传感器2供电 温度传感器 温度传感器	下电状态下，测量温度传感器电阻值	电阻值 1：________ Ω。 电阻值 2：________ Ω。 （以实际测量值为准）
打开总电源开关，在上电状态测量下列信号		
PE S+	S＋与 PE 电压	________ V
PE S+ S-	S－与 PE 电压	________ V
PE S+ S- CC1 U1 R1 S R2 检测点1 电子锁位置反馈2	CC1 的电压值	1）充电枪的开关未按下时为 ________ V。 2）按下充电枪上的开关时为 ________ V。 3）插上充电枪开关未松开时为________ V。 4）松开充电枪开关时为 ________ V。
温度传感器1信号 温度传感器1供电 温度传感器2信号 温度传感器2供电 温度传感器 温度传感器	温度传感器电压值	（1）供电电压为 ________ V。（以实际测量值为准） （2）电路电压为 ________ V。（以实际测量值为准）
电子锁供电端2 电子锁供电端1 电机 电子锁	电子锁供电信号	（1）电子锁电机未工作时电压为 ________ V。 （2）电子锁电机工作时供电电压为 ________ V。
A+ A- A+ A-	车辆接口端辅助电源输出（A＋、A－）	未充电时 ________ V。 充电后为 ________ V。

（续）

3. 进行快充充电操作，并对直流充电控制引导电路信号进行检测。

备注：设备需要与充电功能模拟设备进行快充操作。

充电演示——充电模式 交流模式 直流模式 注意：动力电池台架仅支持交流模式 上一步 下一步	充电类型	□ 交流模式 □ 直流模式
	充电方式	□自动充满 □按时间充 □按电量充 □按金额充 （以实际选择为准）
U1 R1 CC1 检测点1 电子锁位置反馈2	CC1 电压信号变化过程	______V—______V— ______V—______V
A+ A+ A– A–	车辆接口端辅助电源输出（A +、A –）	______V

项目六

事故报告与分类

学习要求

➢ 知识要求

- 掌握事故报告的组成要素。
- 掌握起因物和致害物的定义。
- 掌握事故伤害的种类。
- 掌握安全生产事故中责任事故责任人的界定标准。

➢ 技能要求

- 能根据描述的事故伤害现场，正确判断出该事故属于何种伤害类型。

相关知识学习

6.1 安全事故形成

每一次事故发生都会产生损失，导致事故发生的原因很复杂，所以需要对事故进行调查，要从事故中吸取经验和教训，追究责任，并对相关监督部门提交报告声明。那么如何编写事故报告，事故报告里面有哪些要素是要表达清楚的？下面学习事故报告的编写形式。

1. 事故报告的组成要素

事故报告的组成要素有时间、地点、人物、经过、结果。其关键是经过中的要素要表达清楚。事故报告示例见表 6-1。

表 6-1 事故报告示例表

行　业		汽车维修	
企业规模		16～29 人	
起因物		轿车、公交车、摩托车	
事故类型		道路交通事故	
汽车维修	作业类型	托运	
	伤害类型	工程现场以外的汽车等运载工具	
被害者数 （事故的损失）		死亡者数：0 人	工伤停工者人数：3 人
		工伤不停工数：0 人	失踪者人数：0 人

（续）

行　业	汽车维修
发生的原因（物）	交通危险
发生的原因（人）	不按要求操作
发生的原因（管理）	其他不安全行为

2. 划分起因物与致害物

（1）起因物　起因物指导致事故发生的物体或物质。它与不安全状态是同时存在的。

（2）致害物　致害物指直接引起伤害及中毒的物质或物体，即致害物是与人体直接接触或人暴露于其中而造成伤害的物体或物质。

（3）举例：

1）人因坠落、滚落、摔倒而受伤时，该人坠落、滚落、摔倒之前的工作场所（工作处、工作面）存在不安全状态，因而是起因物。人坠落、滚落、摔倒后碰到的对象物是致害物。

2）物体飞溅、落下击中人时，原来承受飞溅物体的东西、承受的场所或者使物体落下的东西是起因物，飞溅物、落下物是致害物。

3）物体活动击中人时，活动的物体是起因物。如吊车的吊物碰伤人时，吊车是起因物，吊物是致害物。

6.2 安全事故责任划分

2019 年 3 月 21 日 14 时，位于甲省乙市丙县生态化工园区的丁化工有限公司发生特别重大爆炸事故，造成 78 人死亡、76 人重伤、640 人住院治疗，直接经济损失 19.86 亿元。

事故调查组查明，事故的直接原因是该公司旧固废库内长期违法贮存的硝化废料持续积热升温导致自燃，燃烧引发爆炸。事故调查组认定，该公司无视国家环境保护和安全生产法律法规，刻意瞒报、违法贮存、违法处置硝化废料，安全环保管理混乱，日常检查弄虚作假，固废仓库等工程未批先建。相关环评、安评等中介服务机构严重违法违规，出具虚假失实评价报告。

该起事故中生产企业要承担什么样的责任？下面学习生产企业在安全事故中应承担的责任。

1. 刑事责任

刑事责任指责任主体违反安全生产法律规定构成犯罪，由司法机关依照刑事法律给予刑罚的一种法律责任。刑事责任依法处以剥夺犯罪分子人身自由的刑罚，是 3 种法律责任中最严厉的。《中华人民共和国刑法》有关安全生产违法行为的罪名，主要是重大责任事故罪、重大劳动安全事故罪、强令违章冒险作业罪和大型群众性活动重大安全事故罪以及不报、谎报安全事故罪等。

2. 民事责任

民事责任指责任主体违反安全生产法律规定造成民事损害，由人民法院依照民事法律强制其进行民事赔偿的一种法律责任。民事责任的追究是为了最大限度地维护当事人受到民事损害时享有获得民事赔偿的权利。

《中华人民共和国安全生产法》第一百零三条规定：生产经营单位将生产经营项目、场所、设备发包或者出租给不具备安全生产条件或者相应资质的单位或者个人的，责令限期改正，没收违法所得；违法所得十万元以上的，并处违法所得二倍以上五倍以下的罚款；没有违法所得或者违法所得不足十万元的，单处或者并处十万元以上二十万元以下的罚款；对其直接负责的主管人员和其他直接责任人员处一万元以上二万元以下的罚款；导致发生生产安全事故给他人造成损害的，与承包方、承租方承担连带赔偿责任。

《中华人民共和国安全生产法》第一百一十六条中规定：生产经营单位发生生产安全事故造成人员伤亡、他人财产损失的，应当依法承担赔偿责任；拒不承担或者其负责人逃匿的，由人民法院依法强制执行。

3. 行政责任

行政责任指责任主体违反安全生产法律规定，由有关人民政府和安全生产监督管理部门、公安机关依法对其实施行政处罚的一种法律责任。

《中华人民共和国安全生产法》第一百一十五条规定：本法规定的行政处罚，由应急管理部门和其他负有安全生产监督管理职责的部门按照职责分工决定；予以关闭的行政处罚由负有安全生产监督管理职责的部门报请县级以上人民政府按照国务院规定的权限决定；给予拘留的行政处罚，由公安机关依照治安管理处罚的规定决定。

《中华人民共和国安全生产法》针对安全生产违法行为设定的行政处罚，有责令改正、责令限期改正、责令停产停业整顿、责令停止建设、停止使用、罚款、没收违法所得、吊销证照、行政拘留、关闭。

4. 社会责任

企业社会责任一般指企业在创造利润、对股东利益负责的同时，还要承担对员工、对社会和环境的社会责任，包括遵守商业道德、生产安全、职业健康、保护劳动者的合法权益、节约资源等。其中，安全责任是企业社会责任的重要内容，包括对员工进行广泛深入的安全教育，消除安全隐患；对可能出现的各种安全事故制订应急预案，并配备事故后污染处理的设施和能力；将安全事故发生概率降到最小等方面。

5. 补偿责任

《中华人民共和国安全生产法》第五十六条规定，“因生产安全事故受到损害的从业人员，除依法享有工伤保险外，依照有关民事法律尚有获得赔偿的权利的，有权提出赔偿要求”。

图 6-1 所示安全生产事故中企业应承担的相关责任。

图 6-1　安全生产事故中企业应承担的责任

6.3 事故严重程度分类标准及预防措施

小明在公司装卸货物时被行驶中的叉车撞倒造成工伤事故，该事故属于何种伤害种类？下面学习事故的种类。

《企业职工伤亡事故分类》（GB 6441—1986）将企业工伤事故分为 20 类，分别为物体打击、车辆伤害、机械伤害、起重伤害、触电、淹溺、灼烫、火灾、高处坠落、坍塌、冒顶片帮、透水、放炮、火药爆炸、瓦斯爆炸、锅炉爆炸、容器爆炸、其他爆炸、中毒和窒息及其他伤害。

1. 物体打击

物体打击指由于重力或其他外力作用，打击人体造成事故。

预防措施：

1）用已经进行了本质安全化的机械设备进行替换。

2）实现材料供应、加工、产品提取的自动化。

3）设置安全罩、安全围栏、安全栅栏。

4）设置开关、自动停止装置。

5）设置紧急停止装置。

6）制订并使用安全操作手册（工作方法的改善）。

7）设置警报装置（光、音并用）、路标。

2. 车辆伤害

车辆伤害指厂内车辆对人体造成的伤害（不包括道路交通事故）。

预防措施：

1）安装、改良安全装置、防止过卷装置、防冲撞装置。

2）搬运工程的机械自动化、机器人化。

3）改善运输通道（确保安全通道）。

4）限制搬运重量。

3. 机械伤害

机械伤害指机器在生产过程中对人体造成的伤害。

4. 起重伤害

起重伤害指起重机在运行、工作、检修过程中，工具坠落对人体造成的伤害。

5. 触电

触电指一些裸露的带电导线对人体造成的伤害。

预防措施：

1）不带电作业。

① 工作前打开电源开关。

② 用检电器确认电压。

2）改善电气设备绝缘不良的部位。

3）加接地线。

4）连接防触电用漏电切断装置。

5）设置防电击装置（交流电焊机）。

6）佩戴绝缘保护用具。

6. 灼烫

灼烫指对人的皮肤造成灼伤。

7. 火灾

预防措施：

1）设置静电去除装置。

2）确保避难通道畅通。

3）设置防止逆流装置（气焊）。

4）在管理烟火的情况下，实施以下措施。

① 禁止在危险物品、可燃物附近使用烟火。

② 防可燃物，设置灭火器，安排监视人员。

5）设置火灾报警装置。

8. 高空坠落

高空坠落主要指人从高处坠落，靠人自身的重力造成的伤害。

预防措施：

1）设置安全栅栏和扶手。

2）设置脚手架、工作台。

3）清除工作通道的台阶，改善不易滑落的地板涂饰等。

4）使用高空作业台（车）。

5）使用安全带。

6）直立梯升降时使用旋翼。

7）适当使用梯子。

9. 中毒和窒息

中毒指人接触有毒物质，如误吃有毒食物或呼吸有毒气引起的人体急性中毒事故。在废弃的坑道、暗井、涵洞、地下管道等不通风的地方工作，因为氧气缺乏发生突然晕倒，甚至死亡的事故称为窒息。两种现象合为一体，称为中毒和窒息。

10. 其他伤害

上述分类法是按照起因物和致害物进行分类的，起因物是导致失控的物体，致害物是与身体接触的物体，如图 6-2 所示。常见安全生产事故类型如图 6-3 所示。

根据国家对事故按严重程度分类：

《生产安全事故报告和调查处理条例》（国务院令第 493 号）根据生产安全事故造成的人员伤亡或者直接经济损失，将事故分为特别重大事故、重大事故、较大事故和一般事故四级。（“以上”包括本数，“以下”不包括本数。）

1）特别重大事故，是指造成 30 人以上死亡，或者 100 人以上重伤（包括急性工业中毒，下同），或者 1 亿元以上直接经济损失的事故。

2）重大事故，是指造成 10 人以上 30 人以下死亡，或者 50 人以上 100 人以下重伤，或者 5000 万元以上 1 亿元以下直接经济损失的事故。

3）较大事故，是指造成 3 人以上 10 人以下死亡，或者 10 人以上 50 人以下重伤，或

图 6-2 起因物与致害物

图 6-3 常见安全生产事故类型

者 1000 万元以上 5000 万元以下直接经济损失的事故。

4）一般事故，是指造成 3 人以下死亡，或者 10 人以下重伤，或者 1000 万元以下直接经济损失的事故。

能力提升训练

6.4 事故报告

某年某月某日 14 时 48 分许，位于甲省乙市丙县生态化工园区的丁化工有限公司发生爆炸事故，造成 78 人死亡、76 人重伤、640 人住院治疗，直接经济损失 19.86 亿元。该事故属于什么程度事故，事故是按什么样的方式来分级的。

1. 事故报告

2. 事故调查

3. 填写事故报告

项目七 汽车安全事故应急处理

学习要求

➢ 知识要求

- 掌握事故报警的流程。
- 掌握事故应急响应的流程。
- 了解电动公交车事故现场处置流程。
- 了解电动公交车事故现场施救流程。
- 掌握现场救援板的使用方法。
- 了解事故现场善后处理的方法。

➢ 技能要求

- 能根据事故现场的严重程度制订相应的应急流程。

相关知识学习

7.1 道路交通事故处理流程

某汽车测试中心在测试新能源车辆时，该车突然冒烟起火，在场的工作人员应向谁报告，报警时需阐述哪些要素？下面学习事故响应的流程。

1. 事故应急响应的流程

根据经验总结出来的事故应急响应的流程如图 7-1 所示。

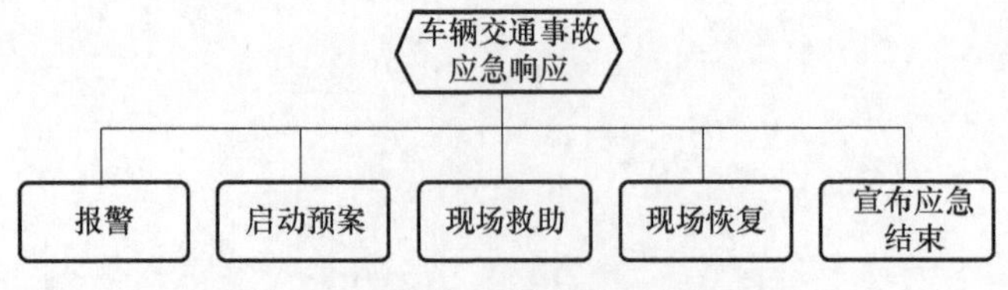

图 7-1 应急响应的流程

《中华人民共和国安全生产法》第八十三条规定：生产经营单位发生生产安全事故后，

事故现场有关人员应当立即报告本单位负责人。

单位负责人接到事故报告后，应当迅速采取有效措施，组织抢救，防止事故扩大，减少人员伤亡和财产损失，并按照国家有关规定立即如实报告当地负有安全生产监督管理职责的部门，不得隐瞒不报、谎报或者迟报，不得故意破坏事故现场、毁灭有关证据。

总结起来就是，事故发生后，先向单位负责人报告，单位负责人要马上组织抢救（图7-2），同时本单位负责人要向有关部门报告。隐瞒不报是违法的。

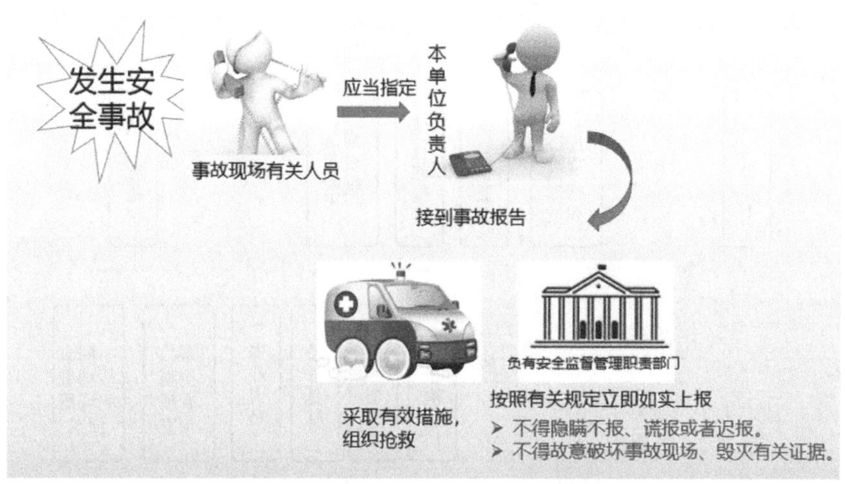

图7-2　确认事故真实后，启动应急预案

2. 道路交通事故报警信息及应急响应

某网约车发生了道路交通事故，需要马上报告网约车公司的负责人，报告时要说明的信息如图7-3所示。

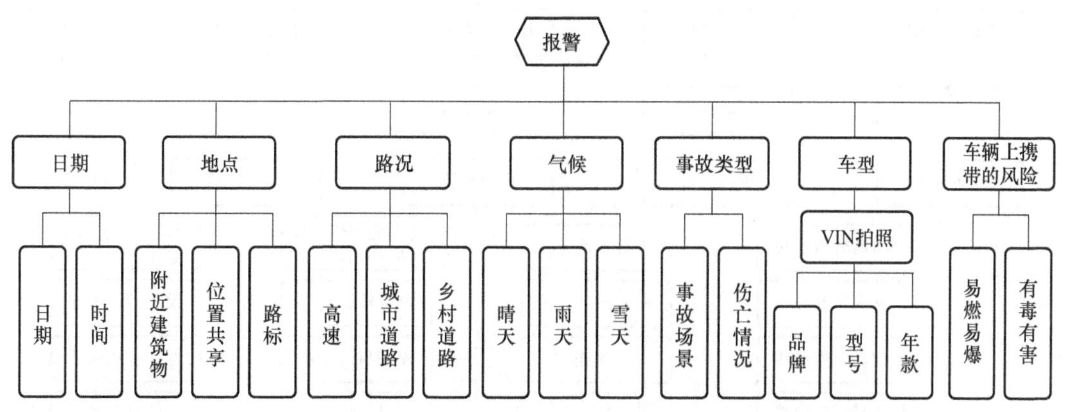

图7-3　道路交通事故报告信息（需在2min内描述清楚）

3. 应急预案

单位负责人在接到报告后，应根据本单位的应急预案（图7-4）启动应急响应。

4. 启动预案的条件

启动预案的等级是事先规定好的，有地方标准的可遵从地方标准，没有地方标准的可根

据自己单位的实际情况制定相应的标准。图7-5 是深圳市三大公交公司联合制定的公交系统应急响应流程。

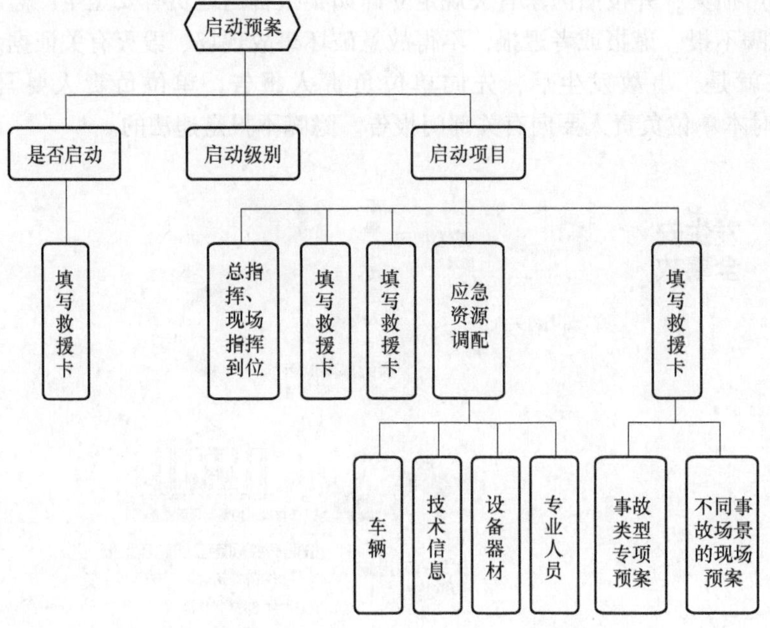

图7-4 启动应急预案（需在 2min 内描述清楚）

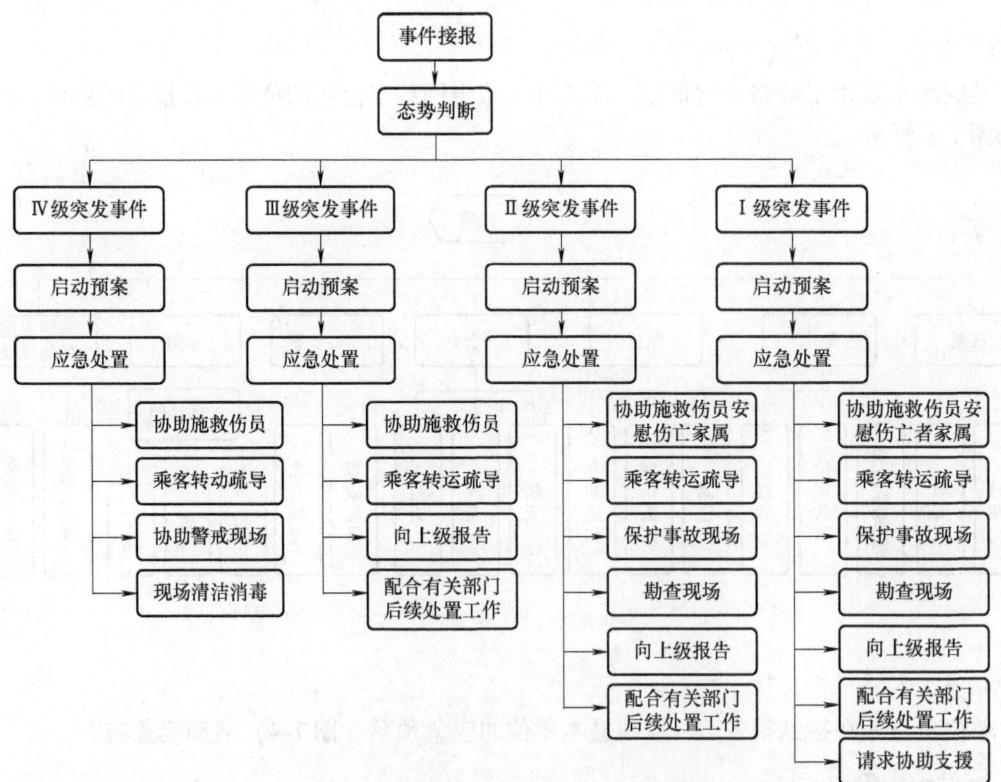

图7-5 深圳市公交系统交通事故应急响应流程

7.2 道路交通事故现场处置方案

我国某些城市公交车已经全部电动化，电动公交车相比私家车来讲载客量较大，一旦发生火灾事故，其危害范围大、损失严重，故需要一套严密的、快速的现场处置方案，迅速地使司乘人员摆脱危险环境，把损失降到最小。下面学习关于电动公交车安全事故现场的处置方法。

某电动公交车在行驶过程中发生车辆尾部起火，当时正处于早高峰期间，车上有 68 名乘客，该车驾驶员发现起火后，立即靠路边停车，然后开始疏散乘客，大部分乘客从前门、中门和紧急逃生们逃出，但是还有 3 位老人被困车中。公司负责人在接到事故报告后根据事故初步信息，立即启动二级预案。根据图 7-6 所示，讨论、制订现场救助方案需要考虑哪些因素。

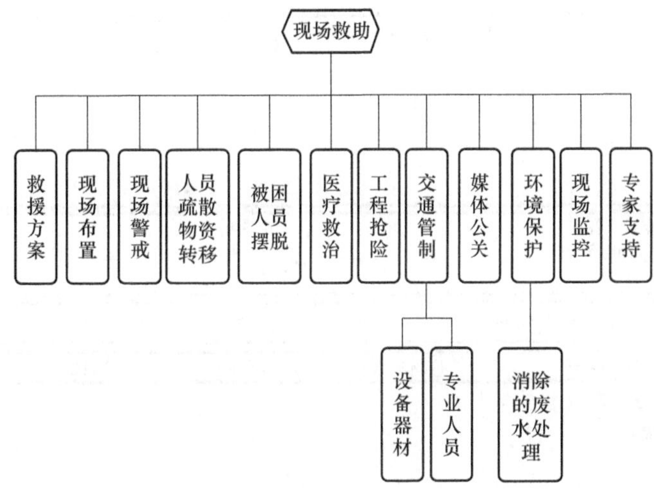

图 7-6 道路交通事故现场处置方案

7.3 道路交通事故现场施救

某电动公交客车在跨江大桥上行驶时坠入长江中，初步确认当时电动公交客车上共有驾乘人员 10 余人。针对现场受伤人员、被困人员、现场交通等，如何实施救援？下面学习事故现场的施救。

1. 事故现场施救战术

事故现场施救战术如图 7-7 所示。

2. 施救方案包含的要素

事故现场施救方案包含要素如图 7-8 所示。

请根据给出的信息制订出一个现场施救方案。

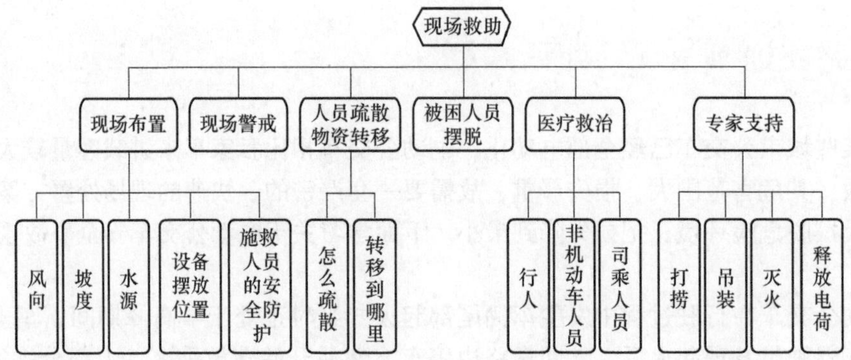

图 7-7　道路交通事故现场施救战术

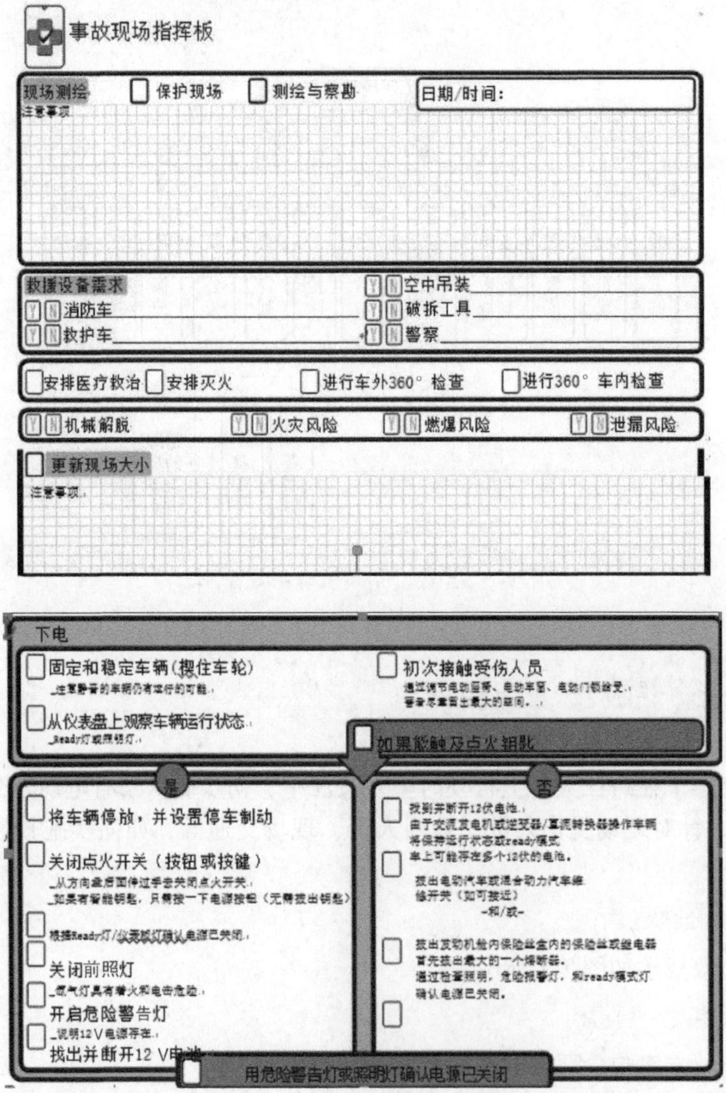

事故现场指挥板

现场测绘　保护现场　测绘与察勘　日期/时间：

注意事项

救援设备需求

Y N 消防车　Y N 空中吊装

Y N 救护车　Y N 破拆工具

Y N 警察

安排医疗救治　安排灭火　进行车外360° 检查　进行360° 车内检查

Y N 机械解脱　Y N 火灾风险　Y N 燃爆风险　Y N 泄漏风险

更新现场大小

注意事项

下电

固定和稳定车辆（掣住车轮）

_注意静音的车辆仍有滑行的可能。

从仪表盘上观察车辆运行状态。

_Ready灯或照明灯。

初次接触受伤人员

通过调节电动座椅、电动车窗、电动门锁给受，要留尽量留出最大的空间。

如果能触及点火钥匙

是

将车辆停放，并设置停车制动

关闭点火开关（按钮或按键）

_从方向盘后面伸过手去关闭点火开关。

_如果有智能钥匙，只需按一下电源按钮（无需拔出钥匙）

根据Ready灯/仪表板灯确认电源已关闭。

关闭前照灯

_氙气灯具有着火和电击危险。

开启危险警告灯

_说明12 V电源存在。

找出并断开12 V电池

否

找到并断开12伏电池。

由于交流发电机或逆变器/直流转换器操作车辆将保持运行状态或ready模式

车上可能存在多个12伏的电池。

拔出电动汽车或混合动力汽车维修开关（如可接近）

-和/或-

拔出发动机舱内保险丝盒内的保险丝或继电器

首先拔出最大的一个熔断器。

通过检查照明，危险报警灯，和ready模式灯确认电源已关闭。

用危险警告灯或照明灯确认电源已关闭

图 7-8　道路交通事故现场指挥板的应用

7.4　道路交通事故的善后处理

前面的电动公交车尾部着火事故发生后，首要任务是救治人员，人的安全是第一位的。人员施救完成、火焰被扑灭后，应急工作还没有结束。事故现场的交通秩序的恢复、现场环境保护、事故的后续调查、取证等善后工作都需要处理。

图 7-9 所示为道路交通事故现场恢复工作。

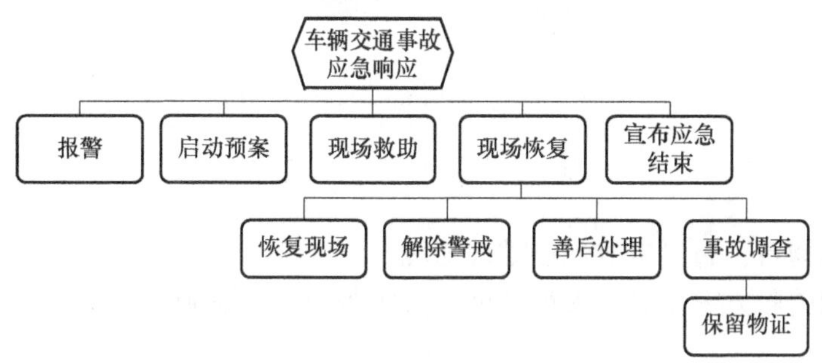

图 7-9　道路交通事故现场恢复工作

往往公交事故现场处置会涉及多家单位，如安全监管部门、交通救援单位、消防部门、公安部门、事故所属单位。现场救援的单位可能是消防部门或道路救援部门，在事故事态平息后，会疏导道路，处理好消防废水，然后消防部门会向事故单位移交事故车辆。事故责任单位应该做好取证工作，保护好相应物证，以便在事故处理过程中区分事故责任。

能力提升训练

7.5　新能源汽车事故现场应急处理训练

1. 任务准备

工具设备：应急响应现场组织模拟沙盘（YBJY-A930）。

辅助资料：应急响应现场组织模拟沙盘使用说明书、其他资料。

2. 任务实施

（1）认识设备　应急响应现场组织模拟沙盘是模拟新能源电动汽车多种事故现场情境而设计的专用的设备，如图 7-10 所示。沙盘由设备台架、事故现场情境模板、新能源车辆模型、救护车、拖车、直升机模型、道路设施模型、环境模型、人物模型、指挥看板等组成。事故现场情境分别展示“新能源车辆道路碰撞”“新能源车辆事故侧翻”“新能源车辆涉水”“新能源车辆蓄电池温控失效着火”“新能源车辆充电站充电温控失效着火”“新能源车辆行驶蓄电池温控失效着火”等。使用沙盘可预演应急响应现场组织方案。

（2）了解工作任务　根据不同事故类型，模拟现场应急方案。

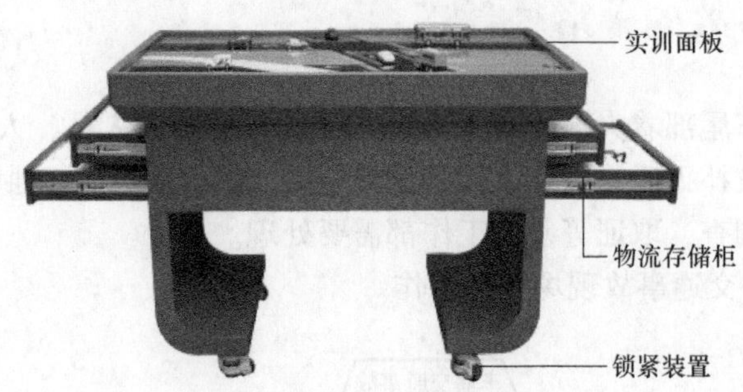

图 7-10 应急响应现场组织模拟沙盘

（3）实施救援

1）利用沙盘物料，布置事故现场重现情境。

2）现场模拟施救方案：制订人员救助、火灾抑制、车辆破拆、车辆吊装、下电、车辆固定方案。

3）现场模拟组织、展开施救：建立现场监控措施、现场警戒、交通疏导、媒体公关、人员救助、车辆救助。

4）现场模拟布置功能区：安全区、施救区、设备摆放区、伤员安置区。

注意：以上所有方案需要在布置事故现场情境完成后口述说明，根据说明现场情况及应急方案进行考核得分。

项目八

水淹车辆应急处理

学习要求

➢ 知识要求

- 掌握车辆落水后的逃生方法。
- 掌握涉水驾驶时的安全注意事项。
- 掌握涉水深度的判断。
- 掌握水淹车的处理方法。
- 掌握漏液蓄电池的处置方法。
- 了解车辆火灾事故发生的原因和征兆。
- 熟悉着火车辆的处理流程。

➢ 技能要求

- 能利用模拟沙盘功能，正确制订涉水车辆救援方案及实施救援流程。
- 能正确使用各种破窗逃生工具。

相关知识学习

8.1 落水车辆的逃生方法

常见的道路安全事故有水淹、着火、碰撞、侧翻、功能故障几类，下面来看水淹车事故的情形。很多车辆水淹或落水后，里面的乘员有时并不能顺利逃出来，导致溺水身亡，如果乘员能正确掌握落水后的逃生方法完全可以避免惨剧发生。下面学习车辆落水后被困时的逃生方法。

步骤：松开安全带，使用破窗工具打碎车门玻璃，从车门窗逃出。破窗工具有灭火器、座椅后枕、高跟鞋、破窗器等，如图 8-1 ~ 图 8-5 所示。

图 8-1 使用灭火器破窗

图 8-2 使用座椅后枕破窗

图 8-3 使用高跟鞋鞋跟破窗

图 8-4 使用破窗器破窗

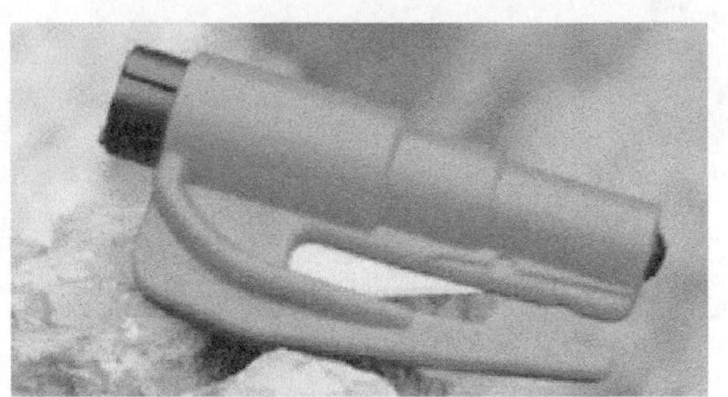

图 8-5 超声波破窗器

8.2 车辆涉水行驶的方法

多雨季节一些地势低洼易涝地段积水较多，有些驾驶人不知道这些积水有多深，会选择涉水通过，这样的行为危险重重，轻则导致车辆受损，重则危及自己的生命安全。下面学习涉水驾驶时的安全事项。

涉水驾驶时的安全注意事项：

1）避免下雨天驾车出行，特别在大雨和暴雨天气时。

2）必须出车并涉水行驶时，就要判断路面积水的深度，涉水深度不能超过 500mm，如图 8-6 所示，车速应小于 5km/h。路面积水超过这个深度时，不得涉水行驶。

3）雨天驾车时，要回避低洼、涵洞和隧道。

图 8-6 涉水深度值不应该超过轮胎高度值的一半

8.3　浸水车辆处置方法

电动汽车浸水后，会存在很大的安全隐患，浸泡时间越长，所发生的故障问题就越大。那么车辆浸水后该如何处置呢？

水淹车的处理：

汽车浸水超过一个小时时蓄电池包会进水，打捞上来后需要控水，有些车厂在蓄电池包壳体上留有防水孔，请参照维修手册进行操作。

打捞后水淹车的处理如图 8-7 所示。

车辆浸入水中后，在打捞前必须等待水面无气泡和滋滋声（蓄电池电解水的声音）产生。等蓄电池的电量消耗完后，穿戴好绝缘防护用品才能进行打捞作业，以防触电。混合动力电动汽车被水淹没时，一般情况下车身在一个小时内不可能带电，司乘人员不用担心触电。

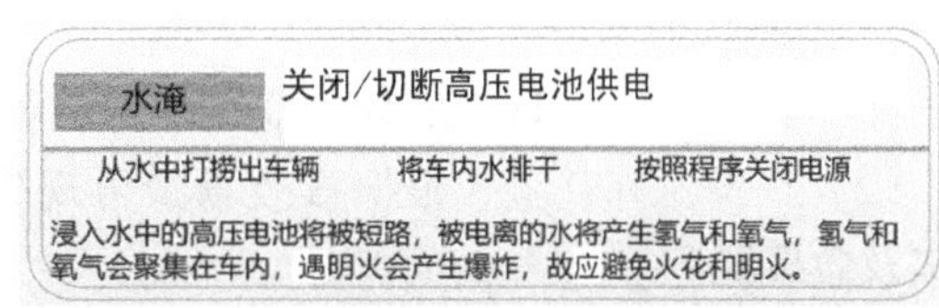

图 8-7　打捞后水淹车的处理

车辆进水后，电子驻车系统可能已经失效，所以要使用其他方法固定车辆。

8.4　新能源事故车辆停放的安全规定

事故车一般指存在结构性损伤的车辆，泡水车、火烧车等都属于特殊事故车。由于蓄电池包有热失控的潜在性，电动事故车辆可能在停放期间发生自燃，这类车辆在停放时一定要采取隔离措施，以保障事故车辆发生自燃时不会殃及其他车辆。

水淹车辆只能使用清障车运输，运回到修理厂后，不能停入车间和建筑物内，需要露天放置。露天放置时，电动汽车与其他建筑或车辆的距离不得小于 15m（图 8-8），防止电动汽车发生自燃时火焰传播。

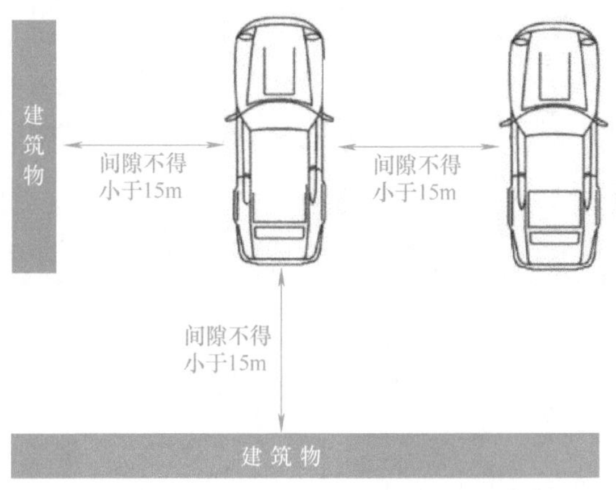

图 8-8　事故车辆停放技术要求

8.5 涉水车辆救援训练

1. 任务准备

工具设备：应急响应现场组织模拟沙盘（YBJY-A930）。

辅助资料：应急响应现场组织模拟沙盘使用说明书、其他资料。

2. 任务实施

（1）认识设备　认识应急响应现场组织模拟沙盘。

（2）了解工作任务　根据事故场景再现事故车辆涉水事故，模拟事故现场，制订应急方案及救援流程。

（3）实施救援

1）利用沙盘物料布置事故现场重现情境。

2）现场模拟施救方案：制订人员救助方案，根据题目要求在沙盘上正确布置场景。

3）根据施救方案内容准确排序：启动应急预案，现场方案修改，实施救援，善后处理。

4）根据情况选择正确的车辆吊装、下电、车辆固定方案。

5）现场模拟组织展开施救：建立现场监控措施、现场警戒、交通疏导、媒体公关、人员救助、车辆救助。

6）现场模拟布置功能区：安全区、施救区、设备摆放区、伤员安置区。

项目九

车辆着火事故应急处理

学习要求

➢ 知识要求

- 掌握事故车辆关闭电源的方法。
- 掌握新能源汽车下电的方法。
- 掌握燃烧的机理。
- 掌握灭火的原理。

➢ 技能要求

- 能正确使用灭火器。

相关知识学习

9.1 车辆发生火灾事故前的征兆

1. 车辆火灾事故的前兆

车辆行驶时，如果感觉到车辆有异常，要迅速停车检查，这些异常可能就是火灾的前兆或者是前兆的外部表现。下面为大家列举了车辆着火的故障象现、原因和外部症状，见表9-1。

表9-1 车辆着火的故障现象、原因和外部症状

外部症状	现　象	原　因
加速不良	感觉加速比平时吃力，车辆动力不足，滑行时有被制动的感觉	由于制动的拖拽引起的制动过热，轮毂轴承过热等
制动失灵	踩下制动踏板时，没有减速感，或制动效果不良，同时闻到异臭味	由于制动的拖拽引起的制动过热，传动轴的轴承过热等
异常的振动	感觉转向盘有异常的振动，突然感觉乘坐不舒服，或者方向失控	轮胎爆破，突发轮毂的轴承过热、咬死
异声、异味	听到与平时不同的声音，闻到橡胶和树脂烧焦的气味	电气的异常发热，油品的过热
白烟、黑烟	白烟和黑烟不断涌出，从后视镜看到烟雾	漏油、燃料泄漏引起的着火，发动机、驻车制动器、制动器周边引起的火灾

（续）

外部症状	现　　象	原　　因
电器失灵	电器不运作或异常运作，发出异声，熔丝被烧断	电器类的故障、短路、过热、线束、开关、执行器过热等
警告灯常亮	（蜂鸣器警告长鸣）行驶中不亮的警告灯亮起，平时不响，但蜂鸣器警告响起	拉驻车制动器手柄，发生异常 发动机舱火灾警报装置工作

注：也有其他的故障和故障的情况。

如果车辆有上述之一的症状，应尽快停车，确认车辆是否异常。在确认过程中，避免车上的过热部件对人体造成伤害。

2. 着火车辆处理流程

着火车辆处理流程如图 9-1 所示。

电动汽车火中逃生

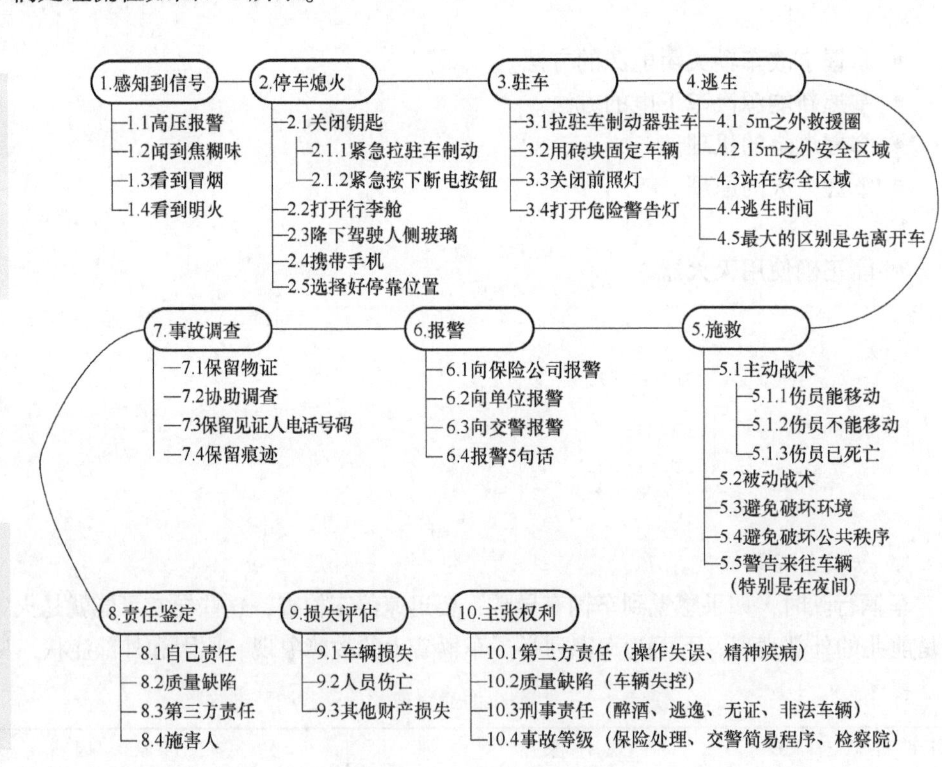

电动汽车灭火 9 步法

图 9-1　着火车辆处理流程

9.2　新能源车辆关闭电源的方法

无论是事故车辆的救援，还是事故车辆的维修，都需要首先对事故车辆下电（关闭高压电源），其目的是避免发生施救人员或维修人员的触电事故。下电前需要对车辆的厂牌、型号、年款进行识别，因为不同车型的设计的下电方法不一样。下电方法与流程如图 9-2 所示。

<table>
<tr><td>下电方法 1</td><td>下电方法 2
（当点火钥匙或仪表不能接近时）</td></tr>
<tr><td>■ 执行 360°检查。
与车辆保持安全距离，检查车底；
固定车辆（轴承座轮）；
注意混合动力电动汽车和纯电动汽车在运行时不能有声音。
■ 通过仪表板观察车辆的运行状态。
Ready 灯/仪表板。
■ 初次接触受伤人员。
通过调节电动座椅、电动车窗、电动门锁给被困者留出尽量大的空间。
■ 停放车辆，拉紧驻车制动器手柄。
■ 关闭点火开关（电源按钮或按键）。
从转向盘的后面（避开安全气囊）
按一次智能钥匙电源开关（可能存在多功能按键）。
■ 确认 Ready 灯/仪表关闭。
■ 关闭前照灯（避免氙气灯着火和触电）。
■ 开启危险警告灯（说明：12V 的蓄电池有电）。
■ 找到并断开 12V 蓄电池。
车上可能存在多个 12V 的蓄电池。
■ 确认危险报警闪光灯处于关闭状态。
■ 继续执行救援的程序。</td><td>■ 执行 360°检查。
与车辆保持安全距离，检查车底；
固定车辆（轴承座轮）；
注意混合动力电动汽车和纯电动汽车在运行时不能有声音。
■ 通过仪表板观察车辆的运行状态。
Ready 灯/仪表板。
■ 初次接触受伤人员。
通过调节电动座椅、电动车窗、电动门锁给被困者留出最大的空间。
■ 找到并断开 12V 蓄电池。
由于交流发电机或逆变器/直流转换器操作车辆将保持运行状态或 ready 模式；
车上可能存在多个 12V 的蓄电池。
■ 拔出纯电动汽车或混合动力电动汽车的维修开关（如可接近）。
■ —和/或—
拔出发动机舱内熔丝盒内的熔丝或继电器；
首先拔出最大的一个熔断器；
通过检查照明，危险警告灯和 ready 模式灯确认电源已关闭。
■ —和/或—
如果熔丝/继电器无法接近，剪切接线熔丝盒。
■ 确认电源关闭。
通过检查照明，危险警告灯和 ready 模式灯，确认电源已关闭。
■ 继续执行救援的程序。</td></tr>
</table>

图 9-2　车辆救援时的下电方法与流程

9.3　灭火的机理和灭火器

人类能够对火进行利用和控制，是文明进步的一个重要标志。人类使用火的历史与同火灾做斗争的历史是相伴相生的，人们在用火的同时，不断总结火灾发生的规律，尽可能地减少火灾及其对人类造成的危害。火焰的形成是有条件的，火焰形成需要一定的时间。下面学习燃烧的机理和灭火的原理，预防失去控制的着火事件。

1. 灭火的机理

火焰形成必须有可燃物、点火源和助燃物。

灭火的机理如图 9-3 所示。

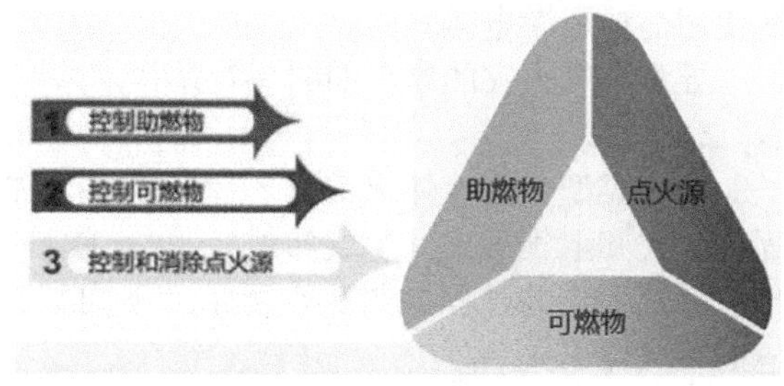

图 9-3　灭火的机理

2. 可燃物

凡是能与空气中的氧或其他氧化剂起化学反应的物质都称为可燃物。常见的可燃物如图 9-4 所示。

可燃物
汽油
木材
纸张
布料

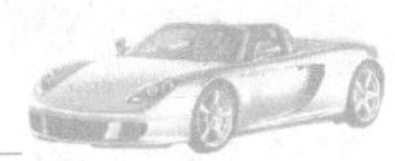

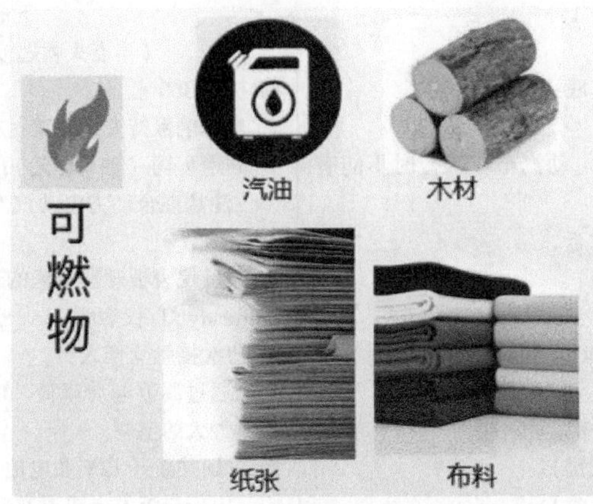

图 9-4　常见的可燃物

3. 助燃物

帮助和支持可燃物燃烧的物质称为助燃物。助燃物不能独立形成火焰，需要可燃物来“帮忙”。常见的助燃物如图 9-5 所示。

4. 点火源

点火源是指供给可燃物与氧或助燃剂发生燃烧反应的能量来源。常见的点火源如图 9-6 所示。

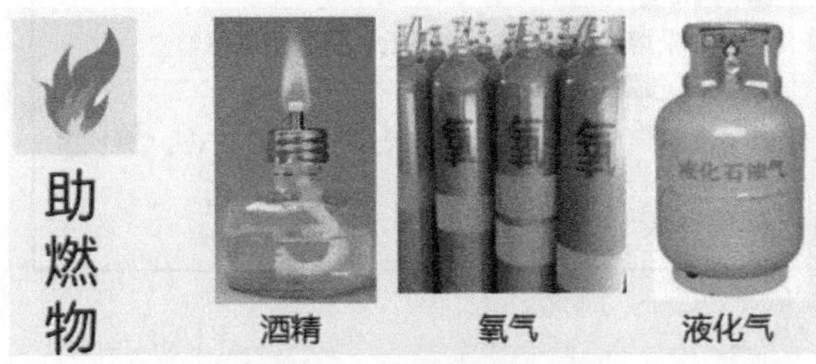

助燃物
酒精
氧气
液化气

图 9-5　常见的助燃物

点火源
明火
电火花
静电火花
高温表面

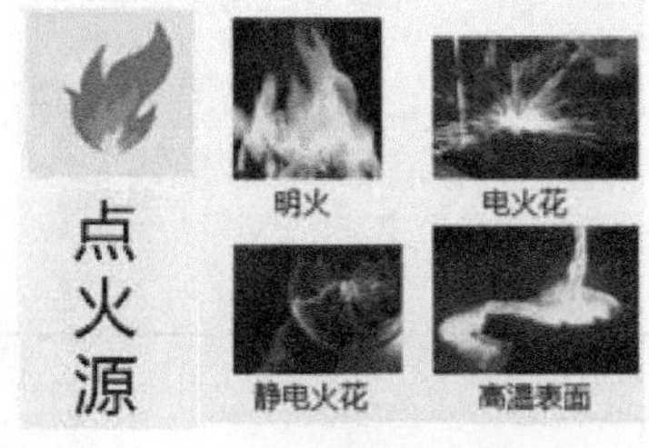

图 9-6　常见的点火源

5. 电气火灾

电能除了能伤害到人体以外，还能导致着火，即电能不去做功了，而是转变成了热量，这种转变是不受控制的，积累的热量就成为点火源。如果周边有可燃物，它会点燃发热点周边的物质。请可以分析一下，为什么蓄电池包内的连接电芯的导线使用高温阻燃电缆？

导致电气火灾的原因如图 9-7 所示。

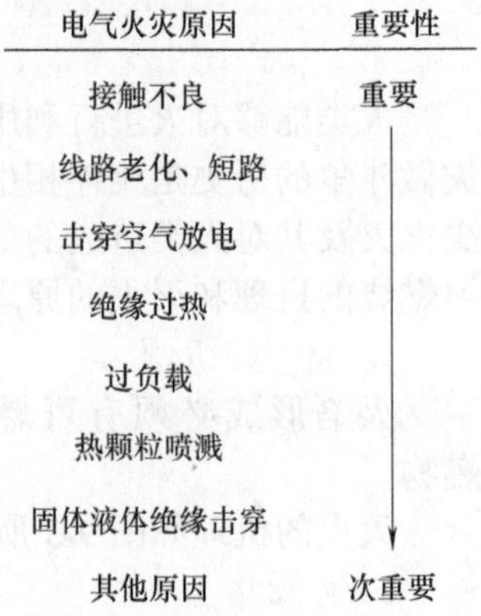

电气火灾原因
重要性
接触不良
重要
线路老化、短路
击穿空气放电
绝缘过热
过负载
热颗粒喷溅
固体液体绝缘击穿
其他原因
次重要

图 9-7　导致电气火灾的原因

6. 灭火剂

火灾类型分为液体火灾（汽油、石油、油等引起的火灾）、固体火灾和电气火灾（电气布线）。灭火就是破坏火焰形成的条件。燃烧形成的过程如图 9-8 所示。不同类型的火灾使用相对应的灭火器灭火。

试验证明对电动汽车蓄电池火灾最有效的灭火剂是水（图 9-9），可以从消火栓处大量放水，或者等待消防人员的到来。对蓄电池着火使用少量的水进行灭火反而会有危险。

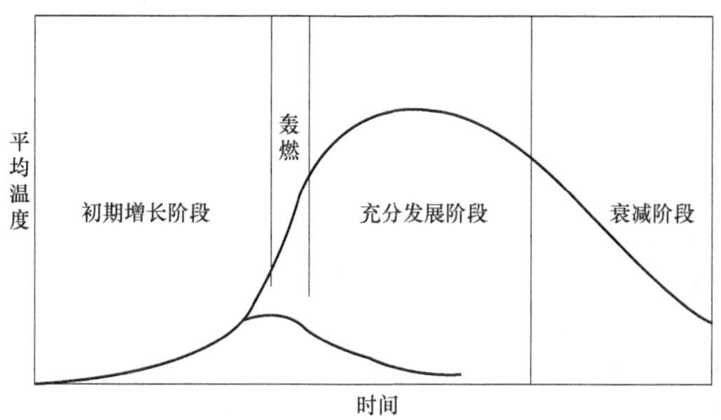

平均温度
轰燃
初期增长阶段
充分发展阶段
衰减阶段
时间

图 9-8 燃烧形成的过程

火灾
根据国家消防标准
采用适当的车辆灭火的做法
灭火剂
水已被证明是新能源汽车可以接受的灭火剂。
火焰初期灭火方法
执行主动灭火战术。
向非水源区域排放灭火废水。
镍氢/锂离子蓄电池组火焰
如发生镍氢/锂离子蓄电池组火灾，该事件的指挥人员必须决定采用主动灭火战术还是被动灭火战术。当允许蓄电池组自焚时， 蓄电池会迅速燃烧，并能化为灰烬。
如果着火车辆配有锂离子高压的蓄电池组，该电池组不包含锂金属，则不需要D类灭火剂。用水作为灭火剂灭火时，可能导致可燃气体的释放。
需要站在安全距离以外用大量清水给蓄电池组冷却。
主动灭火战术
保持安全距离并用大量清水冲洗高压蓄电池组，将有效冷却着火镍氢/锂离子蓄电池模块相邻的模组，将其温度控制在着火温度以下。相邻模组如果不被冷却，也将起火。
被动灭火战术
如果已决定采用被动灭火战术，消防人员应后撤至安全范围，让镍氢/锂离子蓄电池模块自行燃尽。与此同时，消防人员可用水蒸气或水雾保护周边环境和控制烟雾的路径。

图 9-9 蓄电池灭火剂的选择

7. 灭火器选用

（1）灭火的原理

冷却法
窒息法
隔离法
化学抑制法

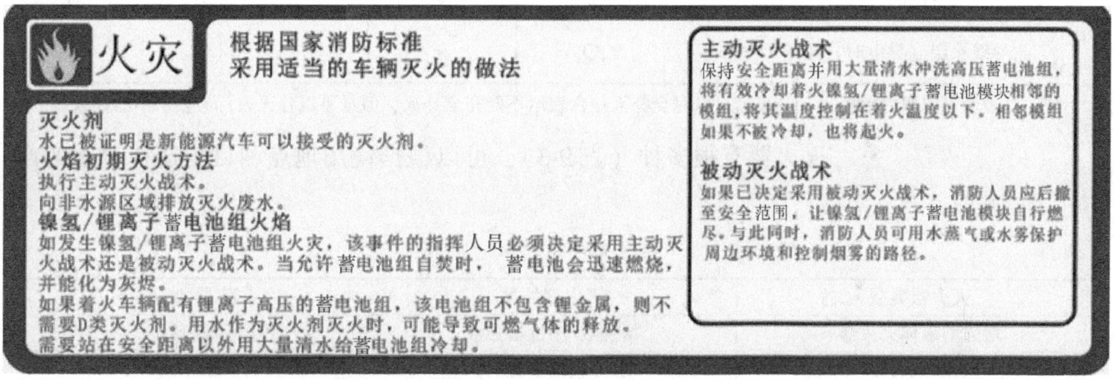

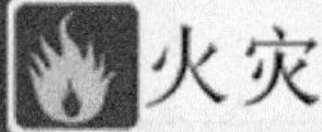

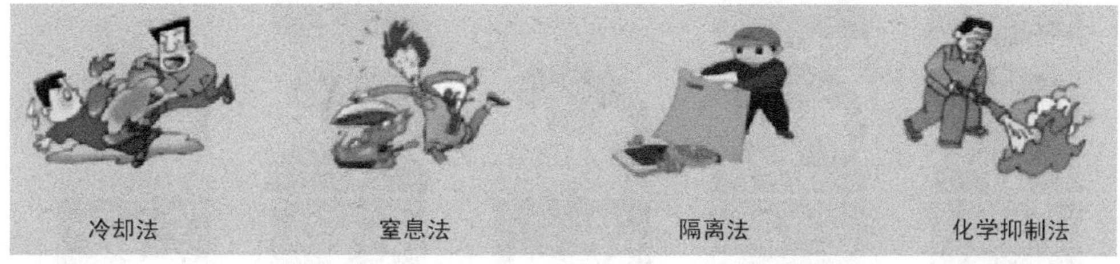

图 9-10 灭火的原理

1）冷却法。例如通过洒水以减少燃烧物体的热量，使可燃物质的温度降至燃点以下而终止燃烧。

2）窒息法。将火放在容器中，切断氧气（空气）供给，来扑灭火焰。

3）隔离法。除去周边的可燃物，来扑灭火焰。

4）化学抑制法。通过阻燃材料延迟或中断持续燃烧的连锁反应，来扑灭火焰。

（2）火灾类型与灭火器的选用（表9-2）

表9-2 火灾类型与灭火器的选用

火灾类型	点火材料	水性灭火器				气体灭火器	粉末灭火器
		增强型液体灭火器（雾）	清水灭火器	化学泡沫灭火器	机器泡沫（耐酒精）灭火器	二氧化碳灭火器	ABC粉状灭火器
固体火灾	木制品等	◎	◎	○	○	×	○
	纸、纺织品等	◎	◎	○	○	×	△
	被褥	◎	◎	△	○	×	△
	橡胶，塑料	○	○	○	○	×	△
	合成树脂	○	○	○	○	○	○
液体火灾	易燃油（汽油等）	○	×	◎	◎	○	◎
	动植物油（天妇罗油等）	◎	×	△	△	×	○
	矿物油（煤油等）	○	×	○	○	○	○
	酒类	×	×	×	◎	○	○
电气火灾	导线涂层（导电时）	○	○	×	×	◎	○

注：◎表示可以很好地扑灭；○表示可以完全扑灭；△表示不能完全扑灭，但是可以扑灭火；×表示不能扑灭。

（3）灭火器类型　灭火器有很多种（表9-3），可以根据使用地点和目的选择合适的产品（图9-11）。

表9-3 灭火器类型

灭火器类型	灭火剂种类	容器类型
增强型液体灭火器	增强液/中性增强液	钢制容器
清水灭火器	水（包括渗透剂）	喷雾罐
泡沫灭火器	机械泡沫（水膜），化学泡沫	PEN树脂容器
二氧化碳灭火器	二氧化碳	
粉末灭火器	粉末	不锈钢容器

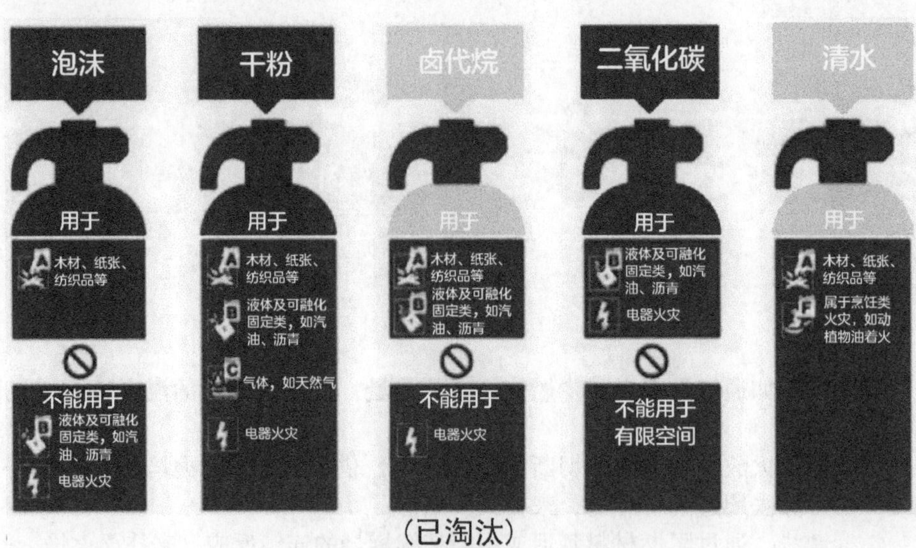

图9-11 灭火器的选用（国外标准）

9.4　维修企业火灾时的疏散和隔离

维修企业作业现场或充电站发生火灾时，保护人的生命是首要任务。假设你所在的充电站，有一辆正在充电的大型电动客车因过充导致蓄电池发生热失控，车身后部开始冒白烟，你应该如何逃生？

火灾响应如图 9-12 所示。

1）熟悉环境，暗记出口。

2）通道出口，畅通无阻。

3）扑灭小火，惠及他人。

4）保持镇静，明辨方向，迅速撤离。

5）不入险地，不贪财物。

6）简易防护，蒙鼻匍匐。

7）善用通道，莫入电梯。

8）缓降逃生，滑绳自救。

9）避难场所，固守待援。

10）缓晃轻抛，寻求援助。

11）火已及身，切勿惊跑。

12）跳楼有术，虽损求生。

13）身处险境，自救莫忘救他人。

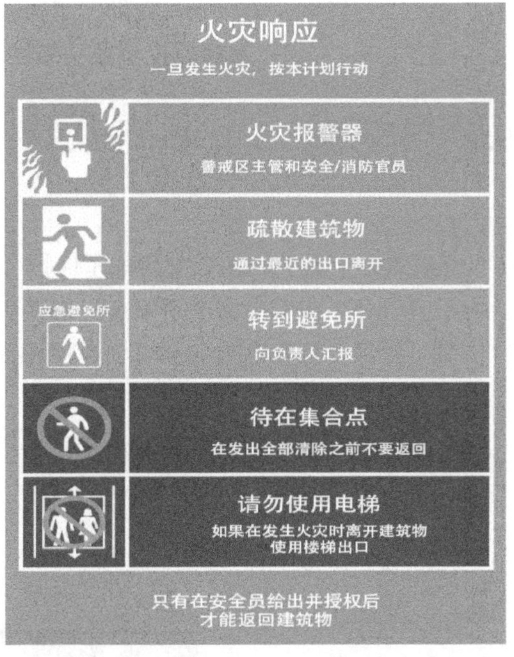

图 9-12　火灾响应

每个人对自己工作、学习或居住所在的建筑物的结构及逃生路径要做到了然于胸，必要时可集中组织应急逃生演习，使大家熟悉建筑物内的消防设施及自救逃生的方法。

能力提升训练

9.5　模拟着火现场应急响应训练

1. 任务准备

工具设备：应急响应现场组织模拟沙盘（YBJY-A930）、各类灭火器若干。

辅助资料：应急响应现场组织模拟沙盘使用说明书、其他资料。

2. 任务实施

（1）认识设备　认识应急响应现场组织模拟沙盘。

（2）了解工作任务　根据着火车辆事故，模拟现场应急方案。

（3）实施操作

1）利用沙盘物料，布置事故现场重现情境。

2）现场模拟施救方案：制订人员救助方案，根据题目要求在沙盘上正确布置场景。

3）根据施救方案内容准确排序：启动应急预案；现场方案修改；实施救援；善后处理。

对火中被困人员的施救

4）根据情况选择正确的车辆灭火战术，选择施救方案内容并准确排序：启动应急预案；现场方案修改；实施救援；善后处理。

5）根据情况选择正确的灭火器、下电方案。

6）现场模拟组织、展开施救：建立现场监控措施、现场警戒、交通疏导、媒体公关、人员救助、车辆救助。

7）现场模拟布置功能区：安全区、施救区、设备摆放区、伤员安置区。

9.6 新能源汽车高压下电流程操作训练

1. 任务准备

安全防护：注意 220V 家用电压保护。

工具设备：汽车电力电子安全考核设备（YBJY-A701）、手持式数字万用表、放电仪。

辅助资料：汽车电力电子安全考核设备使用说明书、其他资料。

2. 任务实施

(1) 认识平台　认识汽车电力电子安全考核设备（图 9-13）。

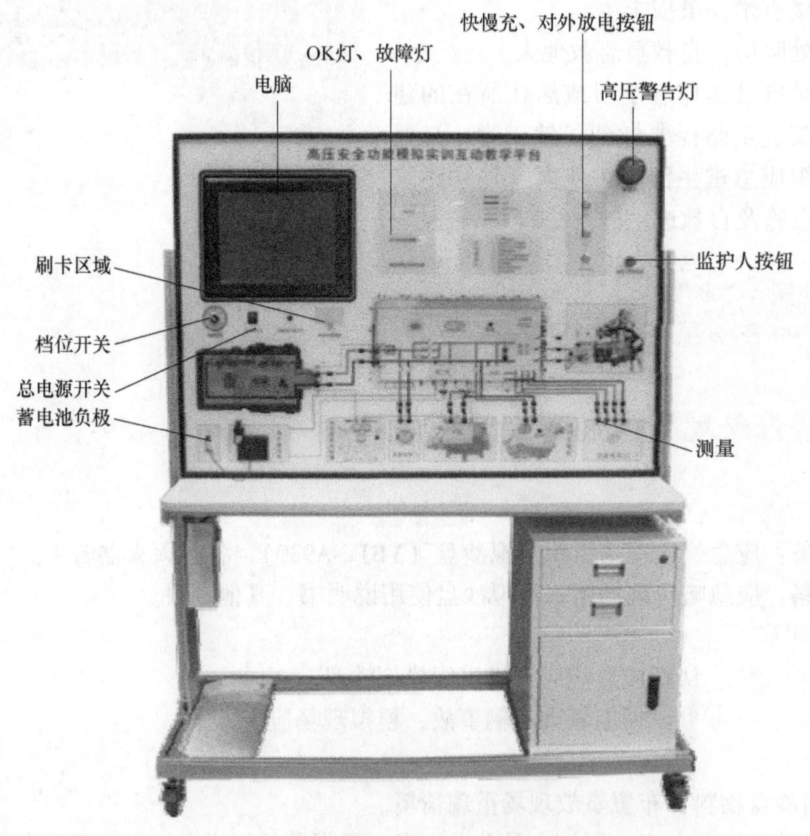

图 9-13　汽车电力电子安全考核设备

（2）了解工作任务

1）任务设置。

客户王先生 18 个月前购买了 1 辆比亚迪 E5，目前行驶里程为 20000km，现在来到卫蓝汽车服务有限公司做 B 级维护。维修技师张师傅在维修作业时需要进行高压断电操作和进行车辆带电状态检查。假如你是张师傅，请按照规范的流程进行高压下电流程操作。

2）信息收集。

高压下电的操作流程顺序为：____________—____________—____________—__________—__________—完成下电流程。

高压断电的原理是通过断开低压控制信号从而断开高压电。为了确保断开蓄电池负极连接后高压部件内的大电容完全放电，或者检验是否存在继电器粘连，需要对输出端、负载进行________和________操作。

若放电指示灯一直________（“常亮”“逐渐熄灭”），说明此车辆存在严重故障，需采取紧急防护措施。

（3）实施操作并填写任务表

1）完成准备工作。

2）进行下电操作。

任务表 1：

电动汽车整车下电 实训任务　电动汽车高压断电 1. 正常上电状态下，测量动力电池及负载端电压是否正常 2. 将钥匙置于OFF档并拔下钥匙 3. 断开蓄电池负极，并进行绝缘处理 4. 对动力电池及负载端进行放电 5. 检测残余电压	操作顺序依次为：______、______。	
	拔下钥匙	□ 完成　□ 未完成
	断开蓄电池负极连接	□ 完成　□ 未完成

注：若有检修开关，需在断开蓄电池负极连接后把检修开关也断开，才可进行下一步。

3）进行放电。

任务表 1：

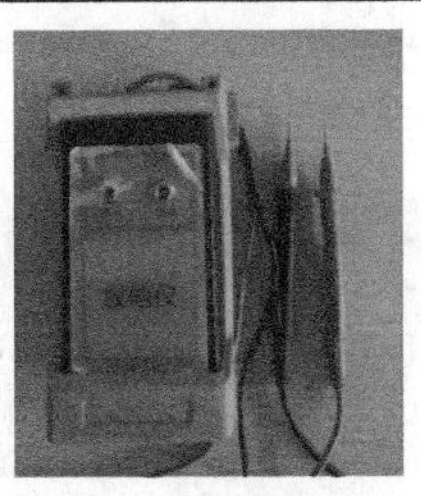	使用验电放电仪器	验电指示灯：□ 亮　□ 未亮
		放电指示灯：□ 亮　□ 未亮
	按下台架面板放电按钮，放电仪器指示灯	□ 逐渐熄灭　□ 常亮

注：实训需先按下对外放电按钮，才可进行放电。

4）使用数字万用表检测残余电荷。

任务表 1：

	万用表档位	□ 直流档 □ 交流档
	检测残余电压	______V

9.7 灭火器操作训练

1. 任务准备

工具设备：灭火器若干。

辅助资料：无。

2. 任务实施

（1）认识灭火器　灭火器的种类很多，按其移动方式可分为：手提式和推车式；按驱动灭火剂的动力来源可分为：储气瓶式、储压式、化学反应式；按所充装的灭火剂可分为：泡沫式、干粉式、卤代烷式、二氧化碳式、清水式等。

（2）了解工作任务　灭火器检查：

1）生产日期检查：查看是否在质保期内。

2）外观检查：灭火器喷嘴是否有变形、开裂、损伤等缺陷；灭火器的压把、阀体等金属件是否有严重损伤、变形、锈蚀等影响使用的缺陷；筒体是否变形；筒体是否锈蚀（漆皮大面积脱落，锈蚀面积不小于筒体总面积的三分之一者）或连接部位、筒底严重锈蚀；灭火器的橡胶、塑料件是否变形、变色、老化或断裂；手提式二氧化碳灭火器，必须采用压把式阀门；灭火器压力值是否处于正常压力范围，保险销和铅封是否完好。

（3）实施操作

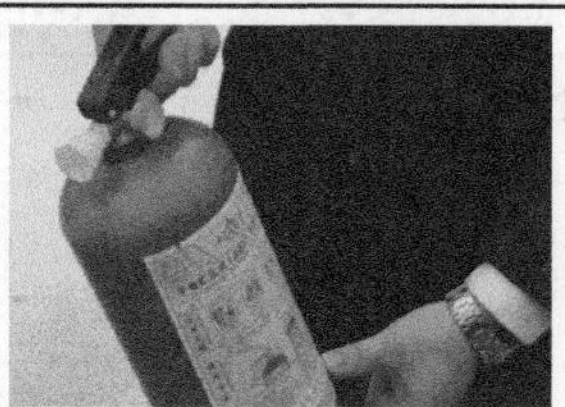 1）上下颠倒，摇晃使干粉松动。	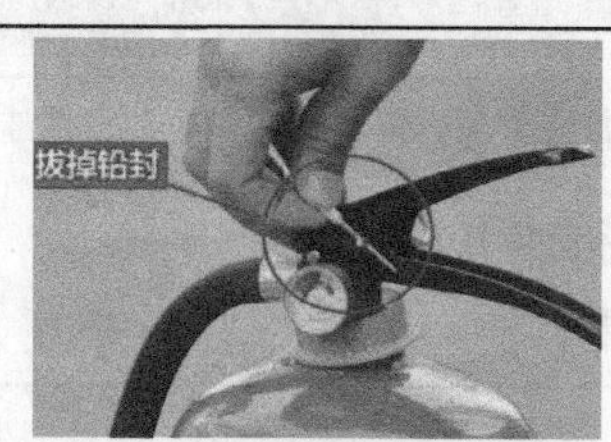 2）拔掉铅封。
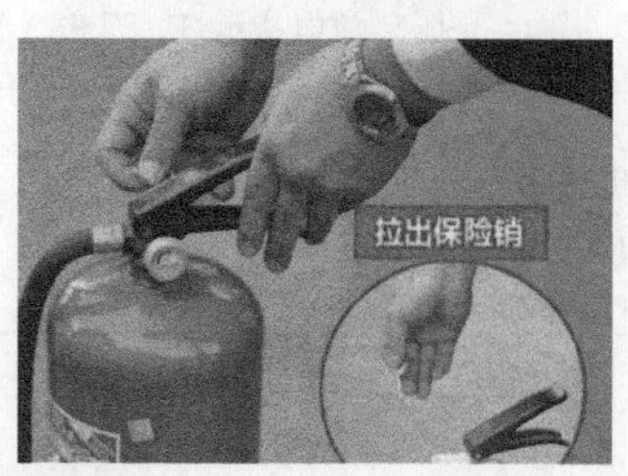 3）拉出保险销。	 4）保持安全距离（距离火源约3m）站在上风口方向，左手扶喷管，喷嘴对准火焰根部，右手用力压下压把。

项目十

碰撞车辆应急处理

学习要求

➢ 知识要求

- 熟悉碰撞车辆处理流程，掌握车上危险点的位置。
- 掌握泄漏电解液的处理方法，熟悉对误触到电解液后的不良反应的处置方法。
- 熟悉救援处置程序及施救措施及熟悉救援中的注意事项。
- 了解车辆牵引的方式。

➢ 技能要求

- 能利用模拟沙盘功能，正确制订车辆碰撞后救援方案及实施救援流程。

相关知识学习

10.1　碰撞事故后的处置

如果你驾驶的电动车辆发生了碰撞，无论发生什么程度的碰撞事故，迅速摆脱车辆都是最正确的选择。假如你没有在碰撞中受伤，你不能待在车内报警，或者等待事故处理人员的到来，你要迅速靠边停车、拉紧驻车制动器手柄、下车。如果你是事故处理人员，面对1辆碰撞车辆，你该做什么？

下面分别介绍驾驶人对碰撞事故处理流程（图10-1）、施救人员对事故处理流程（图10-2）、碰撞车辆善后处理流程（图10-3）。

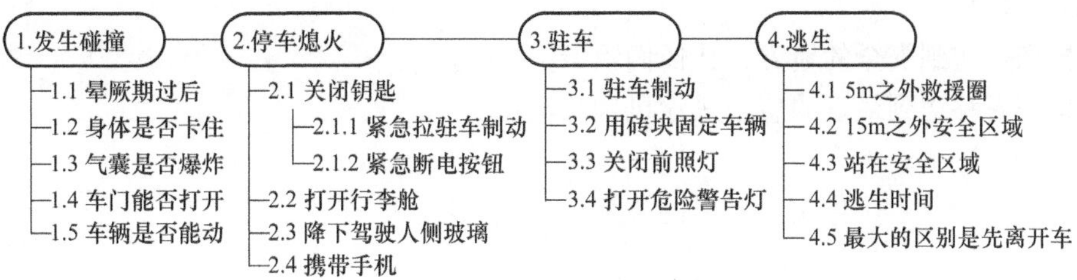

图10-1　驾驶人对碰撞事故处理流程

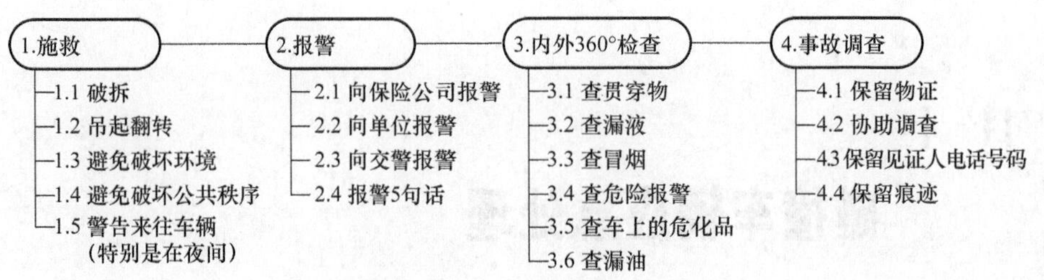

图 10-2　施救人员对事故处理流程

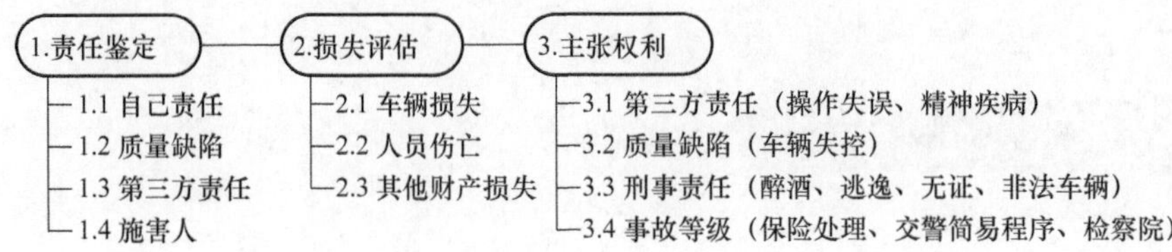

图 10-3　碰撞车辆善后处理流程

10.2　车辆蓄电池漏液的处理方法

严重的碰撞或者车辆侧翻事故可能导致电动汽车动力蓄电池电解液的泄露，如何避免电解液与空气混合着火？若不幸发生了中毒或接触到电解液后如何处理？

如果接触到电解液，应遵循以下的指导方针。

1. 附着了电解液的情况

1）如果电解液直接附着在皮肤上，立即用大量的肥皂水冲洗干净。

2）若电解液进入眼睛时，应大声呼救，不要揉眼睛，立即用大量的清水冲洗 15min 以上，并请专业医生进行诊断。

2. 误饮电解液的情况

1）吞入电解质后，不要强行呕吐。

2）让伤者喝大量的水稀释电解液。

3）失去意识的时候不要喝水。

4）发生自发性呕吐时，不要让伤者窒息。

5）将伤者移送到最近的急救医疗机构救治。

3. 吸入电解液的蒸气的情况

1）把伤员送到安全的地方，让他们吸氧。

2）将伤者移送到最近的急救医疗机构救治。

10.3　碰撞事故后的施救和破拆

在前边所述的几种事故类型中，如果有人被困在事故车辆内，就要使用破拆来解救被困人员。近年来，汽车结构和车身使用的材料发生了很大的变化，车辆零部件的布置和走线差

别也很大，因此对于救援人员来说，了解汽车结构、电源分布、气囊分布、高强度梁位置，可以保护施救人员的安全。如果你是一名汽车维修人员，现在消防的人员需要对车辆破拆，你该提供哪些技术信息来帮助消防人员完成破拆任务？

1. 事故中司乘人员常见的几种被困情况

（1）吸能区受到严重撞击导致车厢变形　在碰撞时，车头吸能区传导来的作用力导致发动机舱向后发生位移，仪表盘上的机械部件（如转向盘）将驾驶人牢牢顶住无法脱身；或是发生碰撞后，在车辆行驶惯性作用下，座位前移，将驾驶人和前排乘员顶在仪表盘部。此类情况多发生在两车或多车相撞或汽车由于操作不当撞击障碍物等，造成驾乘人员胸、腹部或下肢部分被卡住。这种情况需要切断避震加强梁，切断驾驶室 A 柱，前推仪表台。

（2）车辆由于撞击或避险不当发生翻车　此类事故由于车辆经过撞击、翻滚，车辆前部、侧面及车顶都发生变形，若车辆侧立、倒立则容易发生摇晃、倾倒。特别是如果车辆跌入沟渠、河流、山谷后，往往人员伤势较重，救援作业空间受限、时间紧迫，施救工作具有极大难度。这种情况需要对车门整形，然后切掉车门，最后拉出被困人员。

（3）外部原因造成车辆人员被困　车辆行驶过程中，由于前方或侧方货车操作不当，紧急制动、高速过弯等原因造成所载货物倾斜、掉落而埋压临近车辆，造成人员被困，有些货车所运的钢筋、竹子、木条等具有尖锐部分的物品脱落造成车内人员穿刺伤。这种情况需要视情况，通过吊起车辆或者先用液压支柱固定车辆，然后展开施救。

2. 处置程序及施救措施

（1）侦查检测，划定救援区域　救援车辆到场后，现场指挥员应立即对事故现场进行侦查，了解被困人员位置、数量及伤势等。对两车、多车相撞的，以事故车辆为中心，分别划定半径为 3 ~ 5m 的操作区为第一区域，此区域严禁非操作人员进入；以相撞点为中心，划定半径为 10 ~ 15m 的救援区为第二区域，此区域严禁非救援人员进入。指挥员根据事故现场情况确定救援人员及救援装备后划定器材准备区，一般紧靠第一区域，便于施救作业人员取用。若事故车辆运载化学危险品并伴有泄漏现象，则应先检测再划定警戒区域。

（2）安全防护，设定警戒范围　一是设定事故现场大范围，即做好整个事故现场的安全防护工作。车辆碰撞事故常常导致交通堵塞，为避免因其他车辆驶入造成二次事故发生，现场指挥员要及时与交管部门配合对事故路段实施交通管制，并根据现场情况将救援车辆停放在能实现与交通隔开的“挡开位置”，设置第二重保护，从而确保救援现场安全。二是做好作业人员的安全防护。检查事故车辆是否存在安全隐患，如是否有电源线暴露、汽油泄漏等，进入救援区域人员要严格按照个人安全防护要求佩戴安全防护装具，设立安全员，随时做好破拆、切割过程中现场安全监测。

（3）作业实施，营救被困人员

1）人员分组及分工。根据到场力量确定施救作业人员分组，一般以 5 ~ 6 人为一组，现场指挥员 1 人，负责组织协调所属人员开展营救工作，确定救人方法，同时兼任安全员；破拆救人组 2 ~ 3 人，负责解救被困人员，要求熟悉器材装备性能并能熟练操作各项破拆工具；设备协调员 1 人，负责提供、递送装备，人员不足时可随时协助破拆组开展工作；医疗护理员 1 人，负责了解被困人员受伤情况，开展紧急医疗救助，监测伤员生命体征，必要时稳定被困人员的情绪，如专业医疗人员到场及时，可让医生担任该项工作。

2）车辆固定。正常固定：当事故车辆位置没有发生侧倒、倾覆时，使用三点或四点固

定系统固定，即用木楔、垫块固定同侧两个车轮和另一侧车厢底部或直接固定 4 个车轮。

侧翻固定：车底部两处位置分别使用液压顶杠支撑，顶部使用木楔加垫块支撑。

翻车固定：使用四点固定系统，分别在车顶背和地面之间插入木楔、垫片，发动机舱和风窗玻璃间插入垫片增加稳定性。

3）车门移除。乘员被转向盘、制动装置困住胸腹或下肢时，第一选择一般为破拆临近车门部分开辟救生通道。前车门移除：使用液压剪扩器挤压前轮舱最高处钢板，在前车门铰链处制造开口，对铰链上部进行扩张，移除车门；后车门移除：利用液压剪扩器在 B 柱和后车门铰链处的开口进行扩张，移除车门；行李舱移除：撬开或扩张行李舱锁处，剪断行李舱铰链移除。如果需要全部拆除侧面车门，则按照以上方法拆除两扇车门后切割 B 柱顶部和底部，移除 B 柱。

4）车顶移除。为开辟更充足的救人空间、最大限度地接近伤员，当事故车辆内部情况较为复杂、受困人员较多时，可以选择移除车顶救人的方法。移除车顶时，可根据具体情况选择移除前部、后部或者部分顶盖。移除之前，必须清理相关车窗玻璃及车门密封胶带、装饰塑料等附件并仔细检查安全气囊气瓶、安全带延伸器位置，避免触发此类装置造成伤害。切割后暴露出的锋利部位必须用厚布包裹遮盖做好保护。车身处于正常时，一般使用前翻车顶的方法，即先切割 B 柱和 C 柱，同时做好车顶支撑，再切割前风窗玻璃后部两侧车顶，向前折叠车顶翻至发动机舱盖并做好固定。车身处于侧翻时，选择侧翻上部的 A、B、C 柱切割，先切割 A 柱中部，依次靠近车顶部切割 B、C 柱。为方便侧翻顶盖，要在另一侧的 A、C 柱靠近顶盖部位切开口子，同时在地上放置垫片，避免固定平衡受到破坏而影响车辆稳定。车身处于翻转位置时，先拆卸车门及行李舱门，将液压顶杠放置在车顶和车底之间并保持压力，然后切割 B、C 柱，利用液压顶杠将车辆后部升到适合救援的高度，用支撑套管配合垫片将车辆重新设定四点固定系统稳定车身，当救援空间充足后开始救人作业。

5）仪表盘顶升。乘员胸腹部被转向盘卡住时，首先尝试向后移动座椅，若不能移动，宜使用顶撑法进行仪表盘升起。仪表盘升起主要有下列两种方法。一是向前顶撑仪表盘：首先利用剪切钳在 A 柱底部开口，在前车门 B 柱底部放置顶杠固定设施，使用液压顶杠顶撑 A 柱和 B 柱之间的空间，此过程中要注意边顶撑边向 A 柱底部扩张的开口内填入木楔。二是向上顶撑仪表盘：首先在 A 柱下方放上垫片，直接在 A 柱上剪切开口，作为剪扩器工作着力点，将剪扩器置于 A 柱底部和剪切口之间，利用扩张力将仪表盘升起。以上两种方法在使用前必须先拆除前轮挡泥板。当仪表盘升起留出足够的救援空间后，可用剪切钳等装备移除困住乘员下肢的部件如制动装置踏板等，救出被困人员。

3. 救援注意事项

图 10-4 所示为车上危险评估看板。在救援前应先对车辆的危险度进行快速评估，并根据评估结果选用合适的救援方案。

1）随着越来越多的油电混合动力车型的推广使用，在开展救援工作前应首先确定车辆断油断电，且尽量避免触及油路、电路，以免发生二次事故，危及救援和被困人员。

2）救援前要第一时间清理受伤人员身边的玻璃等锋利物体，清除安全带、安全气囊等保护装置，若气囊未展开，应采取措施防止气囊弹起。救援过程中要随时观察伤员情况，如有必要，协助到场医护人员先开展急救，积极与被困人员沟通，让其了解救援进展情况，鼓励其配合开展救援工作。

3）减少救援现场障碍物，破拆、移除出的部件要及时清理至第一区域以外，避免救援人员在施救过程中发生绊倒、撞伤等情况。

4）剪切车身柱、车顶轨时，要清除装饰塑料、密封胶带等物品，避开安全气囊充气装置、安全带固定增强装置、安全带延伸器等物品，防止人员受伤及装备受损。

5）移出伤者过程中要事先了解其受伤部位，如有需要，进行肢体固定、包扎后使用木板、担架抬出，避免造成二次伤害。

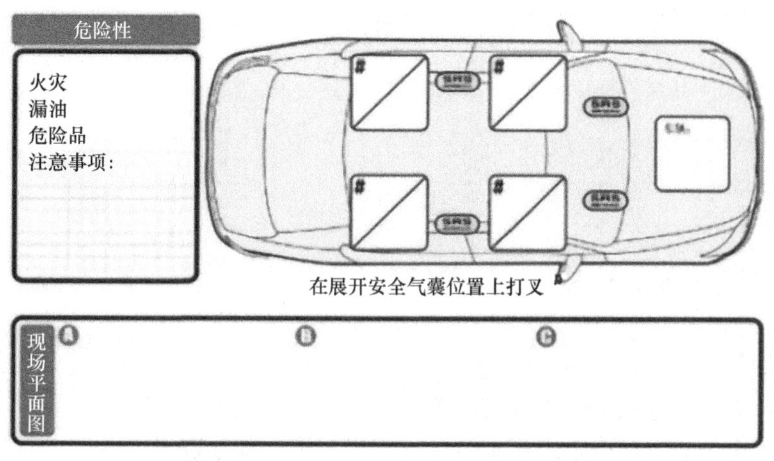

图 10-4　车上危险评估看板（起火点、漏油情况、车上的危化品，伤亡情况）

10.4　牵引新能源事故车辆的安全注意事项

当一辆新能源汽车因发生故障或交通事故，不能自行行驶时，需要将该车牵引到修理厂，可以使用的牵引方式有哪些？这些牵引方式与传统汽车牵引方式有什么不同？在牵引过程中应注意哪些安全事项？

新能源汽车的驱动轮是与驱动电机刚性连接的，如果在牵引过程中驱动轮一直旋转，驱动电机也将一直旋转，驱动电机就会处于发电状态，发出电能可能导致驾驶人触电，也可能引起火灾，所以新能源汽车在牵引时驱动轮是不能转动的，无论是单轴驱动还是四轮驱动。

牵引方式及方法：在某些情况下，可以使用软牵引，如图 10-5 所示，但应将起动机开关设在 ON 位置，变速杆设在 N 位置。故障车的发动机一定要打开，如果你关掉发动机，制动就会失效，而且转向系统因为没有真空助力，转向盘的操作会变得异常沉重，事故车驾驶人将无法控制事故车辆，会很危险。

由于故障不能脱开传动齿轮时（不在 N 位的情况），驱动轴或变速器输入轴可以抽出，不让混合动力电动汽车的发动机运转。

实施措施后牵引时，在牵引途中若车辆有异声、异臭、强烈振动等，应立即停止牵引。请慢慢地旋转故障车的转向盘。

应根据车辆的不同驱动形式，选择正确的转运故障车辆方法（图 10-6）。

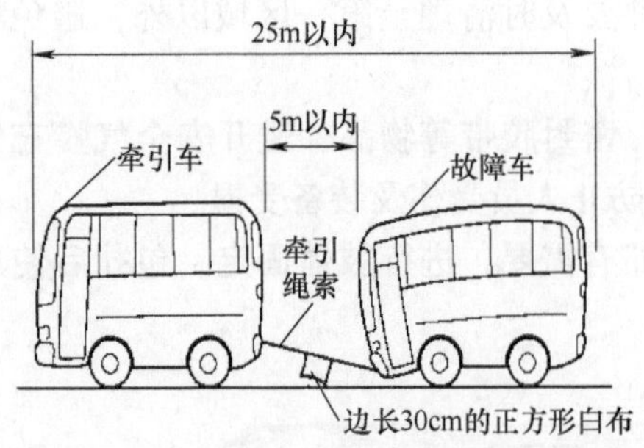

图 10-5 软牵引的要求

图 10-6 转运故障车的正确方法

能力提升训练

10.5 模拟碰撞事故应急响应训练

1. 任务准备

工具设备：应急响应现场组织模拟沙盘。

辅助资料：应急响应现场组织模拟沙盘使用说明书、其他资料。

2. 任务实施步骤

（1）认识设备 认识应急响应现场组织模拟沙盘。

（2）了解工作任务 模拟碰撞车辆事故，还原事故情景，制订现场应急方案。

（3）实施操作

1）利用沙盘物料，布置事故现场重现情境。

2）现场模拟施救方案：制订人员救助方案，根据题目要求在沙盘上正确布置场景。

3）根据施救方案内容准确排序：启动应急预案；现场方案修改；实施救援；善后处理。

4）根据情况选择正确的车辆破拆、救援、下电、固定、运输方案。

5）现场模拟组织、展开施救：建立现场监控措施、现场警戒、交通疏导、媒体公关、人员救助、车辆救助。

6）现场模拟布置功能区：安全区、施救区、设备摆放区、伤员安置区。

项目十一 维修作业现场紧急救护

学习要求

➢ 知识要求

- 掌握一般伤害的救护方法。
- 掌握低压触电的救护方法。
- 掌握报警程序和报告内容。

➢ 技能要求

- 能够进行心肺复苏。

相关知识学习

11.1 一般伤害的救护

1. 出血伤害处置

1）检查伤口，如果有任何异物存在，将其拔出并包扎。

2）直接按压伤口止血，打开纱布包（图 11-1a），将其牢牢地盖在伤口处。

3）施加适当的压力，固定纱布。

4）一次使用一卷纱布，不得超过两卷。如果两卷纱布都渗血，就把它们移开，换上新的敷料。

如果处理肢体，保持患肢抬高（图 11-1b）。

5）如果伤者失去了相当数量的血液，可能会开始表现出休克的迹象。应让意识清醒的伤者躺下，盖上保暖物使其保持体温，抬高伤者腿部（图 11-1c）。

6）安抚伤者。

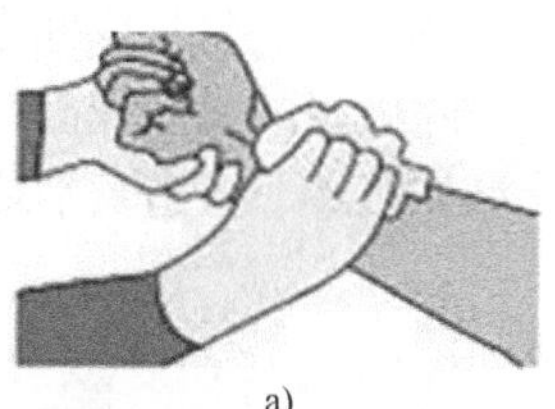

a)

b)

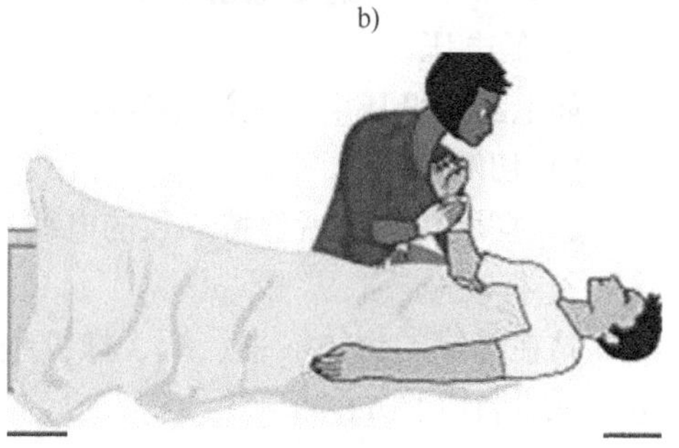

c)

图 11-1 出血伤害处置

2. 骨折伤害处置

1）指示伤者原地不动，支撑受伤部位，保持伤者不动。

2）不要试图移动受伤的部分。

3）检查受伤部位是否有出血，如果有，先处置。

4）如果有骨头从伤口处伸出来，不要碰它，如果有明显的出血，在伤口周围而不是伤口上进行包扎。

5）如果伤者不能自行维持稳定的情况，应提供协助或用手稳定伤者。

6）拨打120急救电话。

3. 烧伤伤害处置

1）确保情况没有风险，如果有，首先控制或消除风险。

2）如果要处理化学烧伤，请用大量的水清洗受影响的部位，确保不要将化学品清洗到未受影响的部位，并寻求医疗救助。

3）非化学性烧伤应在冷的、流动的水中浸泡至少10min且任何物品（如手表）都应取下，如图11-2所示。

4）一旦冷却，应覆盖无菌纱布（非蓬松）。

5）参考医疗救助。

不要：

- 涂抹紧致的敷料。
- 涂抹乳液、软膏或乳霜。
- 去除破损的皮肤或破裂的水泡。
- 涂抹黄油、人造黄油或脂肪。

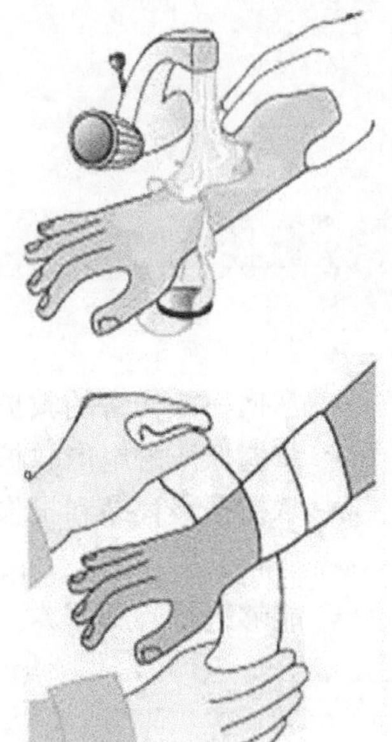

图11-2 烧伤伤害处置

11.2 触电事故的救护

触电救治5步法

某汽车维修厂新能源汽车维修人员小张，在给客户电动汽车交流充电时，由于充电枪漏电，触电晕厥。在场的车间主任小廖，应该如何对小张进行紧急救助？

1. 危险判断

遇到电击事故时，首先判断电源电压等级。

- 低电压

如电源是低压电，交流充电枪的电压是220V，按照国家电力标准属于低压电源。

1）切断电源。

2）摆脱仍与伤者保持一致的电线/设备。

- 行动

站在绝缘的物体（书、纸、橡胶垫）上，用绝缘物体（如干木棒）摆脱与伤者接触的电线或设备（图11-3）。

- 高压电：

如电源是高压电，不能马上接近受害人，因为高压电弧击穿距离可达1m，应站在25m

以外，等待专业人员先关闭电源。

交流充电枪的电压是 220V，按照国家电力标准属于低压电源，于是小廖拉开充电桩的紧急断电开关，切断电源。

图 11-3　触电摆脱

2. 评估意识

迅速评估伤者的意识（图 11-4）。

如果有意识，通知专业人员来处理；如果没有意识，摇动遇害人员的肩膀，大声地呼唤其名字。经过小廖呼唤，小张没有反应，处于无意识状态。

3. 打开气道

当伤者没有意识时，打开气道：抬起下巴、按下额头，让舌头从咽喉后部释放出来（图 11-5）。

图 11-4　评估意识

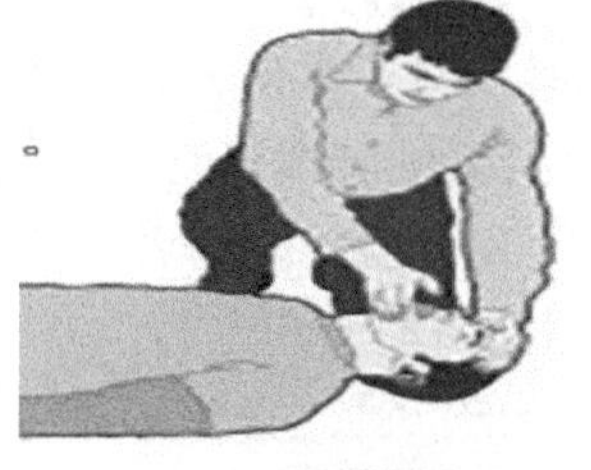

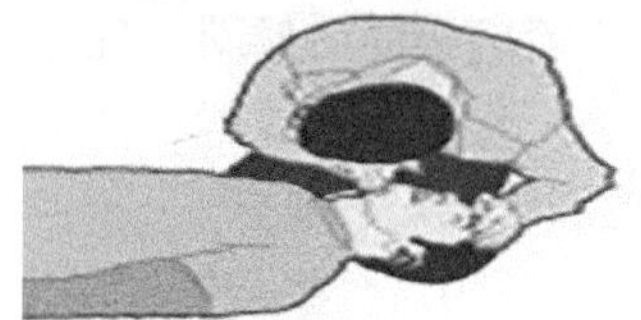

图 11-5　打开气道、人工呼吸

检查呼吸：观察动作、倾听声音、感觉呼吸的信号。

如果呼气正常：

1）把伤者置于康复姿势。

2）确定他呼吸正常。

3）寻求帮助，如果就你一个人，可以离开伤者一会儿，去找人。

4）一直监控伤者的呼吸，直到医护人员到来。

如果还没有呼吸：

1）请求帮助。

2）做心肺复苏。

经小廖判断，小张没有呼吸，需要做心肺复苏。同时，拨打 120 急救电话请求支援。

4. 心肺复苏

进行心肺复苏（图 11-6）。

1）将伤者放在坚固和平整的地面。

2）将一只手手掌压在伤者的胸部，另一只手压在这只手上，手指扣紧，按压肋骨中下部位。

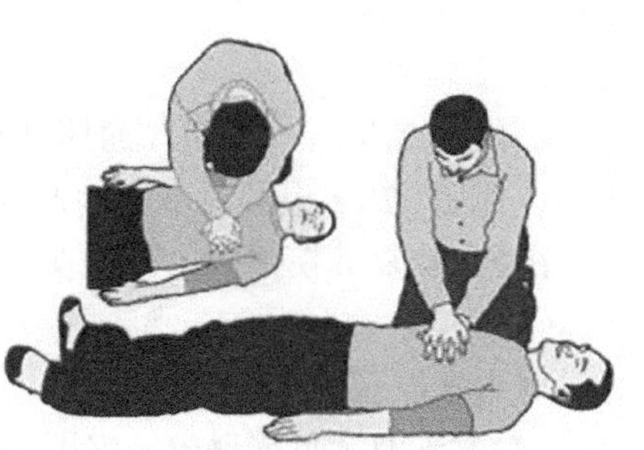

图 11-6　心肺复苏

3）按压的深度控制在 4～5cm，以 100 次/min 的频率按压 30 次，然后吹气 1s，吹两次，直到救护人员到来，或者伤者胸部上升，恢复呼吸。

4）如果救援人员多于两个，两个人可以轮换给伤者做心肺复苏。

5. 恢复姿势

如果伤者不省人事但呼吸正常，则将伤者置于恢复姿势，以保持其呼吸道畅通。

1）拿走伤者身上的硬物。

2）跪在伤者旁边，将伤者的双腿伸直。

3）将靠施救者一侧的手臂向上弯成直角，并将手掌朝上（图 11-7a）。

4）将伤者另外一侧手臂横在胸前，握住这只手并让伤者的手靠在施救者一侧的脸旁（图 11-7b）。

5）用另外一只手将伤者另一侧腿部膝关节位置拉过来，并让伤者的脚部着地（图 11-7c）。

6）把手臂对着脸，拉伤者的腿，将伤者转身面向施救者（图 11-7c）。

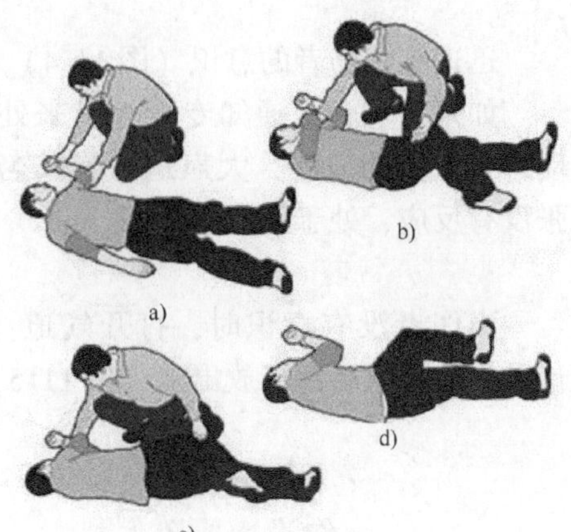

图 11-7　恢复姿势

7）调整腿的位置，使得大腿与小腿成直角（图 11-7d）。

8）将伤者的头向后倾斜，确保气道打开（图 11-7d）。

9）调整好伤者手的位置，并保持头部倾斜（图 11-7d）。

10）检查呼吸是否正常。

11）在伤者用这个姿势躺了 30min 后，将他转向另一边，以减轻对下肢的压力。

经过小廖的努力，小张恢复了自主呼吸，神智逐渐清醒过来，然后被医院接走，进行进一步的检查。

能力提升训练

11.3　心肺复苏训练

1. 任务准备

工具设备：通用型心肺复苏模拟假人，触电救援工具（电闸、导线、绝缘勾、铁棒、木棒、不锈钢棒）。

2. 实施步骤

（1）任务情景　小明（通用型心肺复苏模拟假人）在维修新能源汽车使用电动工具过程中，使用 220V 电源时不小心造成触电事故。这时你从旁边经过，发现情况后根据小明（通用型心肺复苏模拟假人）的实际情况进行触电后的急救处理。

（2）任务安全操作步骤

触电事故现场的应急处理：

1）发现有人低压触电，立即寻找最近的电源开关，进行紧急断电。若不能断开关，则采用绝缘的方法切断电源。

2）在触电伤员脱离电源的同时，救护人应防止自身触电，还应防止触电伤员脱离电源后发生二次伤害。

3）让触电者在通风暖和的场所静卧休息，根据触电者的身体特征做好急救前的准备工作。

4）徒手心肺复苏。

① 判断意识：拍患者肩部，大声呼叫患者名字。

② 呼救：环顾四周，请人协助救助，拨打 120 急救电话，解衣扣、松腰带、摆体位。

③ 判断颈动脉搏动：手法正确（单侧触摸，时间不少于 5s）。

④ 畅通气道：摘掉假牙（若有），清理口腔。

⑤ 打开气道：常用仰头抬颏法、托颌法，标准为下颌角与耳垂的连线与地面垂直。

⑥ 定位：胸骨中下 1/3 处，一手掌根部放于按压部位，另一手平行重叠于该手手背上，手指并拢，以掌根部接触按压部位，双臂位于患者胸骨的正上方，双肘关节伸直，利用上身重量垂直下压。

⑦ 胸外按压：按压速率每分钟至少 100 次，按压幅度至少 5cm（每个循环按压 30 次，时间为 15 ~ 18s）。

⑧ 吹气：吹气时看到胸廓起伏，吹气毕，立即离开口部，松开鼻腔，看到患者胸廓下降后，再吹气（每个循环吹气 2 次）。

⑨ 完成 5 次循环后判断有无自主呼吸、心跳，观察双侧瞳孔。

⑩ 整体质量判定有效指征：有效吹气 10 次，有效按压 150 次，并判定效果（从判断颈动脉搏动开始到最后一次吹气，总时间不超过 130s）。

项目十二

工伤保险和工伤索赔

学习要求

➢ 知识要求

- 理解工伤保险的含义。
- 掌握工伤的定义。
- 了解伤残等级与赔付标准的关系。
- 了解索赔流程与支付流程。

相关知识学习

12.1 工伤保险

1. 工伤保险的含义

工伤保险是由国家立法保证实施的一项社会保险制度。当劳动者因工作受伤致残，暂时或永久丧失劳动能力以及死亡时，都有权享受工伤保险待遇，接受由国家及社会提供的医疗救治和必要的经济补偿。保费由用人单位为个人缴纳，劳动者自身不缴纳保费。工伤保险是一种安全管理的补救措施（图 12-1）。

2. 工伤保险条例的工伤定义

职工有下列情形之一的，应当认定为工伤：

1）在工作时间和工作场所内，因工作原因受到事故伤害的。

2）工作时间前、后，在工作场所内从事与工作有关的预备性或者收尾性工作受到事故伤害的。

3）在工作时间和工作场所内，因履行工作职责受到暴力等意外伤害的。

4）患职业病的。

5）因工外出期间，由于工作原因受到伤害或者发生事故下落不明的。

6）在上、下班途中，受到非本人主要责任的交通事故或者城市轨道交通、客运轮渡、火车事故伤害的。

7）法律、行政法规规定应当认定为工伤的其他情形。

图 12-1　工伤保险是一种补救措施

职工有下列情景之一的，视同工伤：

1）在工作时间和工作岗位，突发疾病死亡或者在 48 小时之内经抢救无效死亡的。

2）在抢险救灾等维护国家利益、公共利益活动中受到伤害的。

3）职工原在军队服役，因战、因公负伤致残，已取得伤残军人证，到用人单位后旧伤复发的。

12.2　工伤索赔

1. 工伤待遇支付流程

工伤待遇支付流程如图 12-2 所示。

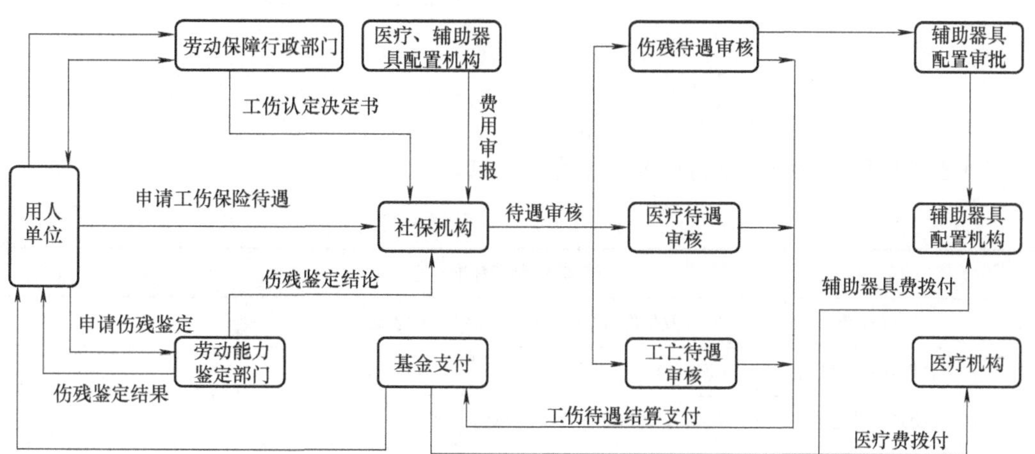

图 12-2　工伤待遇支付流程

2. 工伤事故处理流程

工伤事故处理流程如图 12-3 所示。

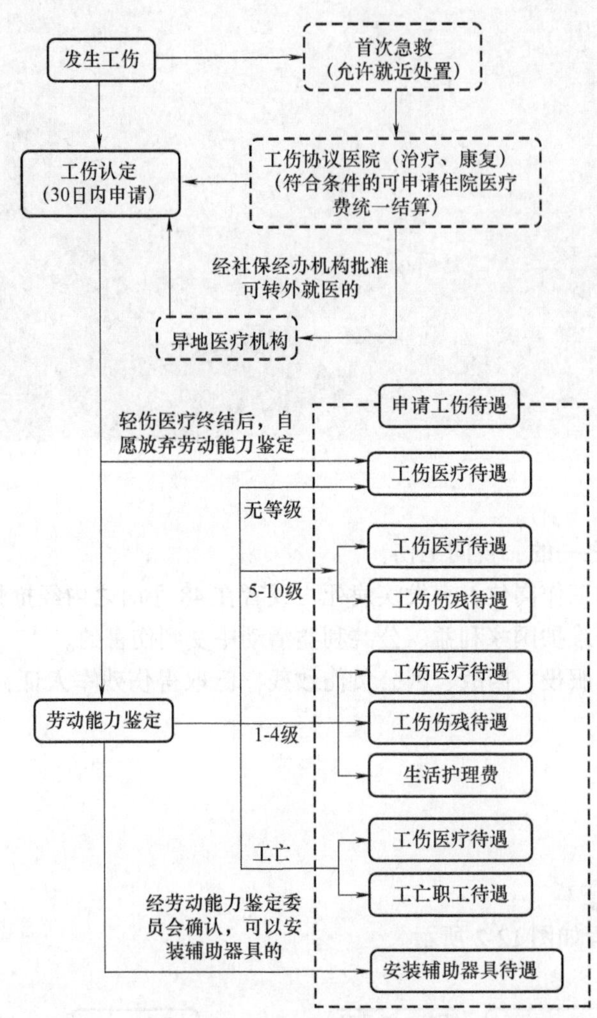

图 12-3　工伤事故处理流程

3. 江苏省工伤伤残等级和赔付标准参考

江苏省工伤伤残等级和赔付标准参考见表 12-1。

表 12-1　江苏省工伤赔偿一览表

江苏省赔偿标准		
1	医疗费	实际发生医疗费发票（工伤保险基金支付）
2	住院伙食补助费	每天 30 元（单位支付）
3	交通、住宿费	实际发生的合理费用（单位支付）
4	残疾辅助器具费 康复性治疗费	安装假肢、矫形器、假眼、假牙和配置轮椅等（工伤保险基金支付）

（续）

江苏省赔偿标准				
5	停工留薪待遇	停工留薪期一般不超过 12 个月		
6	生活护理费	实际护理人员误工收入		
7	工伤复发费			
	一次性	8. 伤残补助金（基金）	9. 医疗补助金（基金）	10. 就业补助（单位）
一级		27 个月本人工资	伤残津贴本人工资 90%	
二级		25 个月本人工资	伤残津贴本人工资 85%	
三级		23 个月本人工资	伤残津贴本人匚资 80%	
四级		31 个月本人工资	伤残津贴本人工资 75%	
五级		18 个月本人工资	20 万元	9.5 万元
六级	16 个月本人工资	16 万元	8.5 万元	
七级	13 个月本人工资	12 万元	4.5 万元	
八级	11 个月本人工资	8 万元	3.5 万元	
九级	9 个月本人工资	5 万元	2.5 万元	
十级	7 个月本人工资	3 万元	1.5 万元	
工伤医疗就业		工伤职工本人提出与用人单位解除劳动关系，且解除劳动关系时距法定退休年龄不足 5 年的： 不足 5 年的，按照全额的 80% 支付 不足 4 年的，按照全额的 60% 支付 不足 3 年的，按照全额的 40% 支付 不足 2 年的，按照全额的 20% 支付 不足 1 年的，按照全额的 10% 支付		
工亡待遇		丧葬补助金：为 6 个月的统筹地区上年度职工月平均工资 供养亲属抚恤金：按照职工本人工资的一定比例，发给由因工死亡职工生前提供主要生活来源无劳动能力的亲属标准为：配偶每月 40%，其他亲属每人每月 30%，孤寡老人或者孤儿每人每月在上述标准的基础上增加 10%。核定的各供养亲属的抚恤金之和不应高于因工死亡职工生前的工资 一次性工亡补助金：标准为上一年度全国城镇居民人均可支配收入（2014 年城镇居民人均可支配收入 28844 元）的 20 倍（为 576880 元）		
职业病		患职业病的工伤职员一次性工伤医疗补助金在上述标准的基础上增发 40%		

注：本标准以江苏省为例，全国各省请参考当地标准。

附　录

新能源汽车行业生产经营单位其他从业人员（一类）安全培训大纲及考核标准

本大纲和考核标准规定了新能源汽车行业生产经营单位其他从业人员（一类）的培训目的、要求、具体内容和考核内容、考核方式。

本大纲于2019年6月15日经应急管理部培训中心新能源汽车行业安全培训项目专家组审核，经培训项目领导小组批准实施。

1. 培训

1.1. 培训对象

全国新能源汽车行业的零部件生产、整车生产、测试与检测、运营、维修、改装、充电服务、旧车报废车辆回收等单位其他从业人员。

新能源汽车行业生产经营单位其他从业人员指从事容易发生人员伤亡事故，且事故发生时对操作者本人、他人及周围设施的安全有重大危害作业的人员。这类人员包括有带电装配新能源车辆的作业人员，充电作业人员、新能源汽车整车和高压零部件实验人员，新能源汽车调试人员，新能源公交车、旅游客车长途客车、出租车以及共享汽车等运送人员类驾驶员，新能源汽车事故救援人员，新能源汽车维修人员。

1.2. 培训目的

通过培训，使培训对象了解安全生产的法律法规，熟悉工信部、交通运输部和公安部的有关新能源汽车安全生产的条令与标准，熟悉从业人员的权利和义务，熟悉从事的生产经营活动相适应的安全生产知识，具备执行和贯彻生产经营单位安全生产的管理制度的能力，熟悉作业安全操作规范，具备使用劳动防护用品的能力，具备指导二类人员在新能源汽车下电状态时的安全作业能力，具备对新能源汽车和作业场所危险有害因素识别能力，具备新能源汽车隐患排查能力，具备支持新能源汽车安全事故施救的能力。

1.3. 培训要求

1）新能源汽车行业生产经营单位其他从业人员应当接受安全培训，通过培训掌握与从事的生产经营活动相适应的安全生产知识、建立执行安全生产管理制度和避免不安全行为的能力。

2）培训应按照国家和省有关安全生产培训的规定进行。

3）培训对象首次培训学时为72学时，每年再培训时间24学时。

4）采用国家推荐培训教材。

5）培训形式采用线上授课培训和实操培训相结合，坚持理论与实践相结合，注重在实际生产工作场景下的解决问题的能力。

6）培训包含授课、实操、复习、考试环节，并具有培训痕迹管理。

7）新能源汽车从业人员，经考试全格后发放培训合格证，该合格证有效期为2年，已取得该合格证者若继续从事原岗位工作的，在证书失效前3个月内，应进行再培训。再培训的内容按本大纲要求进行。

1.4. 培训内容

1.4.1. 总体范围

国家安全生产方针、政策和有关安全生产的法律、法规、条令、规章及标准，安全生产管理，安全生产技术，新能源汽车安全管理实务，新能源汽车行业安全生产事故案例分析，其他需要培训的内容。

1.4.2. 初始培训内容

1.4.2.1. 安全生产法律、法规

（1）习近平新时代中国特色社会主义思想

（2）安全生产法律体系

（3）安全生产法

（4）安全生产相关法律

（5）安全生产单行法

（6）安全生产相关条例

（7）新能源汽车行业有关的法律和安全标准

1.4.2.2. 安全生产管理

（1）安全生产管理基本概念与基本理论

（2）生产经营单位的安全管理

（3）职业危害管理

1.4.2.3. 安全生产技术

（1）机械安全技术

（2）电气安全技术

（3）特种设备安全技术

（4）燃烧爆炸安全技术

（5）职业危害安全技术

（6）道路运输安全技术

1.4.2.4. 新能源汽车安全生产管理实务

（1）新能源汽车本质安全

（2）新能源汽车测试、使用、充电、维修中的安全技术

（3）新能源汽车风险分级管控与隐患排查

（4）新能源汽车事故中现场逃生与救援技术

1.4.2.5. 新能源汽车安全生产事故案例分析

（1）汽车充电时的事故案例分析

（2）汽车运行中的事故案例分析
（3）汽车维修时的事故案例分析
（4）汽车试验时的事故案例分析

1.4.3. 再培训内容

（1）新颁布的与新能源汽车行业相关的安全生产法律、法规、标准
（2）新能源汽车相关安全生产新理论、新技术和新知识
（3）国内外新能源汽车先进的安全生产管理经验
（4）近期新能源汽车安全生产典型事故案例分析与教训
（5）新能源汽车安全生产发展趋势

再培训的要求和教学内容可动态地根据发展和变化确定。

1.5. 学时分配表

教学内容		学时
初始培训	安全生产法律、法规	4
	安全生产管理	4
	安全生产技术	10
	新能源汽车安全管理实务	28
	新能源汽车安全生产事故案例分析	2
	实训	24
	小计	72
再教育	新能源汽车新颁布的安全生产法律、法规、规程、标准和政策	2
	新能源汽车相关安全生产新理论、新技术和新知识	10
	国内外新能源汽车先进的安全生产管理经验	2
	近期新能源汽车安全生产典型事故案例分析与教训	8
	新能源汽车汽车安全生产管理发展趋势	2
	小计	24

2. 考核

2.1. 考核方法与标准

1）闭卷，笔试，考试（核）时间为 120 分钟。

2）考试（核）分数为 100 分制，理论与实操考试均达到 80 分（含 80 分）以上为合格。

3）实操考试为 4 题，每题 25 分。

4）理论考试（核）题型为单项选择题 70 题、多项选择题 15 题，共计 85 题，单选题每题 1 分，多选题每题 2 分。

5）考试（核）难度分布：了解内容的题目占 20%，掌握/理解内容题目占 30%，运用内容题目占 50%。

6）考试（核）采用系统随机抽题方式，考试（核）不合格者允许补考 1 次，补考人不合格者需要重新培训。

2.2. 考核要点

2.2.1. 初始培训考核要点

2.2.1.1. 安全生产法律、法规

1. 安全生产法律体系

了解我国安全生产法律体系的框架和内容，了解安全生产相关法律、行政法规、规章和标准的地位和效力。

2.《中华人民共和国安全生产法》

掌握从业人员的权利保障和义务。

3. 安全生产单行法律

《中华人民共和国道路交通安全法》　掌握道路交通安全的基本规定，了解车辆和驾驶人、道路通行条件、道路通行规定和道路交通事故处理等方面的有关法律问题，违法行为及应负的法律责任。

4. 安全生产相关法律

《中华人民共和国职业病防治法》　了解职业病防治的基本规定，掌握劳动过程中职业病的防护、职业病病人保障等方面的有关法律问题。

《中华人民共和国劳动法》　了解劳动安全、职业健康、社会保险和福利方面的有关法律问题。

《中华人民共和国劳动合同法》　了解劳动合同制度中有关从业人员安全生产和职业病方面的有关法律问题。

5. 安全生产部门规章

《生产经营单位安全培训规定》　了解特种作业人员和其他从业人员安全培训等方面的有关规定。

《特种作业人员安全技术培训考核管理规定》　了解特种作业人员安全技术培训、考核、发证和复审等方面的有关法律问题，了解违反规定的行为及应负的法律责任。

《劳动防护用品监督管理规定》　了解劳动防护用品生产、检验、经营、配备与使用和监督管理的有关法律问题。

2.2.1.2. 安全生产管理

（1）安全生产管理基本理论　掌握安全、风险、事故、事故隐患、危险源的定义，了解因果连锁理论、系统安全理论等事故致因理论，辨识生产过程中造成事故的危险有害因素和安全隐患。

（2）安全文化　了解企业安全文化建设意义、目的和内容。

（3）安全生产规章制度　了解安全生产规章制度的种类和内容。

（4）劳动防护用品　掌握劳动防护用品正确使用要领。

2.2.1.3. 安全生产技术

（1）机械安全技术　掌握机械伤害的事故类型、事故机理及防护措施。

（2）电气安全技术　掌握触电伤害的事故类型、事故机理及防护措施。

（3）特种设备安全技术　掌握吊车、铲车相关的事故类型及防护措施，操作人员应具备的资质。

（4）防火防爆安全技术　掌握火灾、爆炸机理，防火防爆安全相关技术，了解消防设

备和设施种类，掌握灭火器的使用方法。

(5) 职业危害控制技术　掌握与新能源汽车相关有毒、有害物质类别，掌握个人防护物品的使用要领。

2.2.1.4. 新能源汽车安全管理实务

1）熟悉与新能源汽车安全相关的系统及零部件的名称、结构和工作原理。

2）了解新能源汽车相关的事故类型。

3）掌握新能源汽车触电事故及燃烧事故机理及防护措施。

4）掌握新能源汽车的危险源和危险有害因素辨识方法。

5）掌握新能源汽车安全隐患排查方法、步骤，掌握隐患排查常用的目测法、测量法和分析法。

6）掌握新能源汽车报警等级定义及警告灯含义。

7）了解新能源汽车远程监控平台的功能。

8）了解新能源汽车与安全相关的国家强制标准。

9）掌握安全生产劳动防护用品的使用方法和管理规定。

10）掌握新能源汽车装配、测试、充电、维修、驾驶的作业安全规定。

11）掌握交通事故中逃生、自救方法，事故报告的内容和程序。

12）了解新能源汽车着火、碰撞、侧翻、水淹和运行故障事故的救援技术。

2.2.1.5. 新能源汽车安全生产事故案例分析

1）运用所学知识分析触电事故的直接原因和间接原因、事故等级、责任主体、整改措施。

2）运用所学知识分析燃烧事故的直接原因和间接原因、事故等级、责任主体、整改措施。

2.2.2. 再培训考核要点

1）掌握与新能源汽车行业相关的新颁布的安全生产法律、法规、标准。

2）了解有关新能源汽车的新理论、新技术和新知识，掌握汽车产品危险源变化情况。

3）熟悉新能源汽车先进的安全生产管理经验，掌握车辆最新的事故逃生与施救技术。

4）近期发生的新能源汽车行业典型安全事故案例的分析。

5）了解新能源汽车风险监控技术、个人防护用品、安全生产技术措施的发展趋势。

2.3. 考核分值分配表

	教学内容	分值占比	题目数量
初始	安全生产法律、法规	10%	5～8
培训	安全生产管理	10%	5～8
	安全生产技术	25%	15～18
	新能源汽车安全管理实务	50%	30～40
	电动汽车案例分析	5%	1～4
再教育	与新能源汽车相关的新颁布的安全生产法律、法规、规程、标准和政策	5%	3～5
	与新能源汽车相关的安全生产新理论、新技术和新知识	45%	30～35
	国内外新能源汽车先进的安全生产管理经验	5%	3～5
	近期新能源汽车安全生产典型事故案例分析与教训	40%	25～30
	新能源汽车汽车安全生产管理发展趋势	5%	3～5

参考文献

[1] 全国安全生产标准化技术委员会．企业安全生产标准化基本规范：GB/T 33000—2016［S］．北京：中国标准出版社，2016.

[2] 国家安全生产监督管理总局．企业职工伤亡事故分类：GB 6441—1986［S］．北京：中国标准出版社，1986.

[3] 中国国家标准化管理委员会．特种设备安全监察条例［M］．北京：中国标准出版社，2009.

[4] 电动汽车产业技术创新战略联盟．电动汽车事故应急救援规程：T/CSAE 85—2018［S］．北京：中国标准出版社，2018.

[5] 电动汽车产业技术创新战略联盟．电动公交车应急疏散预案编制指南：T/CSAE 89—2018［S］．北京：中国标准出版社，2018.

[6] 全国汽车标准化技术委员会．电动汽车产品使用说明　应急救援：GB/T 38117—2019［S］．北京：中国标准出版社，2019.

[7] 电动汽车产业技术创新战略联盟．电动汽车火灾事故救援规程：T/CSAE 84—2018［S］．北京：中国标准出版社，2018.

[8] 中国电力企业联合会．电动汽车传导充电系统第 1 部分：通用要求：GB/T 18487. 1—2015［S］．北京：中国标准出版社，2015.

[9] 中国安全生产科学院．安全生产法律法规［M］．北京：应急管理出版社，2020.

[10] 中国安全生产科学院．安全生产管理知识［M］．北京：应急管理出版社，2020.

[11] 中国安全生产科学院．安全生产技术基础［M］．北京：应急管理出版社，2020.

[12] 中国安全生产科学院．安全生产专业实务其他安全［M］．北京：应急管理出版社，2020.